마르크스 철학 연습

마르크스 철학 연습

세상을
직시하게 하는
한 권의 철학

한형식 지음

KARL MARX

오월의봄

차례

들어가며

일하는 사람들, 일에 만족하는 사람들, 원치 않는 일로 삶이 피폐해진 사람들, 살기 위해 그런 일이라도 구하려 애쓰는 사람들, 그런 노력조차 포기할 만큼 지친 사람들. 이 책은 그런 사람들을 위한 철학 입문서다. 그런데 왜 하필 철학인가? 철학이 그들의 쉽지 않은 삶에 어떤 도움을 주기에? 솔직히 철학은 현실적으로 쓸모가 없다. 많은 전문적 철학자들도 당당하게 철학의 쓸모없음이 철학의 특징이라 말한다. 게다가 이 책은 대중적인 철학 강사들이 주는 작은 마음의 위안조차 줄 수 없을 것이다. 이 책을 꼼꼼하게 읽고 생각해본 이들은 불편하고 혼란스러운 마음에 밤잠을 설칠 수도 있다.

학문으로서의 철학은 오늘날 구체적이고 실용적인 해

결책을 찾는 역할을 다른 학문들과 기술들에게 넘겨주었다. 철학에 남은 역할은 사람들이 세상을 보고 생각하는 방식과 과정이 적절한지 검토하는 것이다. 우리가 세상을 바라보는 관점, 생각하는 방식, 주어진 문제를 해결하는 과정이 잘못되어 있다면 올바른 답에 도달하는 것은 애초에 틀린 일이다. 의식하지는 못하더라도 누구나 어떤 관점과 논리를 가지고 있다. 내가 하는 모든 생각의 전제가 그 관점과 논리다. 그것이 적절한 것인지 묻는 것은 나의 사고방식을 근본적으로 반성하는 것이어서 힘들고 불편한 일이다. 쓸모없지만 근본적인 물음을 던지는 것이 철학이다.

손바닥만한 사각형 창문 하나만이 하늘을 향해 나 있는 독방에서 나고 자란 사람이 있다고 상상해보자. 그에게 창문은 독방 바깥의 하늘을 보게 해주는 통로다. 그러나 그 창은 사각형으로만 하늘을 보여준다. 세상을 보여주는 틀은 동시에 인식을 제약하는 틀이기도 하다. 상상 속의 그 사람이 독방 밖의 세상으로 나가면 세상이 작은 사각형 틀에는 담기지 않는 광대하고 복잡한 것이라는 걸 알게 된다. 경이롭고 기쁜 마음도 들겠지만 그런 상황에서 당황하고 두려워하지 않을 사람은 드물 것이다. 익숙해진 틀이 진짜 세상의 일부만을 멋대로 재단한 모양으로 보여주는 것은 아닌지 의심하는 것. 그래서 세상으로 나가 진짜 삶을 살

준비를 시작하는 것. 철학이 그런 것이라면, 철학은 마음의 평안보다 불편함을 가져올 가능성이 더 크지 않을까?

게다가 철학은 세상 밖으로 나간 사람이 어떻게 살아야 하는지 어떤 실용적인 조언도 해주지 않는다. 철학은 쓸모없는 학문이라 이미 말했다. 세상의 문제를 보는 법, 문제를 해결하는 과정에 대한 반성만으로 온전히 스스로 판단해 세상에 나가야 한다. 힘든 과정일 것이다. 그러나 우리는 그런 과정을 '독립적', '주체적'인 것이라고 말한다. 자신의 삶을 스스로 책임지기를 원치 않는 사람에게 철학은 정말로 쓸모없다. 그러나 당당하고 주체적으로 사는 삶이 의미 있다고 여기는 이들에게 철학은 많은 것을 주지는 못해도, 그런 삶을 시작하도록 도울 수는 있다. 그게 철학이다.

이 책은 근대 이후 서양철학의 중요한 주제들을 마르크스주의 관점에서 간략하게 소개한다. 마르크스Karl Marx는 오늘날의 세계, 즉 자본주의 사회를 근본적으로 반성하고 비판하며 새로운 다른 세상의 가능성을 찾았던 사상가다. 그의 정치적 입장에 찬성하고 반대하고는 독자의 주체적인 판단의 몫이다. 그러나 그의 철학이 자본주의 사회 안에서 사는 사람들이 당연하게 여겨온 사고의 틀을 어떤 방식으로 의심하고 얼마나 뒤흔드는지는 알았으면 한다. 세상이 사가형 모양의 손바닥만한 것이라 믿으며 독방 속에 스스로를 가두는 사람들을 부추겨 진짜 세상 속으로 뛰쳐나가게 만드는 나쁜 친구로 마르크스만한 이가 여태껏 없었기 때문이다. 마르크스는 독방에 사는 그 사람을 일하는 사람, 일에 만족하는 사람, 원치 않는 일로 삶이 피폐해진 사람, 살기 위해 그런 일이라도 구하려 애쓰는 사람, 그런 노력조차 포기할 만큼 지친 사람, 즉 '노동자'라 불렀다. 이 책은 노동자를 위한 마르크스 철학 입문서다.

이 책은 노동 문제에서 시작해 인간론, 정치철학의 여러 문제들, 경제철학, 생태학, 인식론, 역사철학을 차례대로 다루고 마지막으로 유물론과 변증법이라는 더 추상적인 문제를 설명한다. 마르크스와 그의 계승자들이 다룬 철학적 문제를 가급적 포괄하려 했다. 그러나 예술철학은 분량과 난이도에 대한 고려로 포함하지 않았다. 또 젠더 문제를 한 장으로 다루려 했으나 필자의 역량 부족으로 역시 포함하지 못했다. 젠더 문제를 다룬 마르크스주의 관점의 좋은 책들이 이미 한글로 많이 나온 터라 그 책들을 읽기를 권한다. 책의 각 장은 다른 주제를 다루지만 문제에 접근하는 방식은 거의 동일하다. 흔히 사용하는 개념쌍을 소개하고 그 문제틀이 현실에 적합하지 않다는 것을 드러낸 후, 유물론적 관점과 변증법적 방법을 대안으로 소개하는 방식을 사용했다. 9장은 앞의 여덟 장에서 보여준 방식을 정리한 것이다.

　이 책은 저작이라 부르기 힘들다. 서울, 춘천, 대구, 당진, 부산의 노동자들과 함께 앞선 연구자들의 책들을 공부하고 토론한 내용을 필자가 정리한 결과물이다. 독자들이 읽기 편하도록 인용하거나 참고한 자료들을 주를 달아 표시하지는 않았고 책 말미에 함께 모아 밝혀두었다. 간략하게 쓰인 입문서는 초심자들에게 쉽게 다가가기 위해 내용의 엄밀함과 풍부함을 상당히 포기해야 한다. 게다가 전업의 연구자도 아닌 필자의 무능 탓에 부족함이 많은 책이 되었다. 딛고 올라 더 나아가려면 버리고 가야 하는 사다리로 사용하기를 바란다.

1장. 노동은 왜 괴로운 일이 되었나

① 노동의 두 얼굴

노동은 왜 괴로울까? 이 물음에 답하는 것조차 버거울 만큼 자신의 시간과 에너지 대부분을 일하는 데 써야 하는 많은 사람들이 있다. 사람들이 주로 말하는 노동의 부정적인 면은 대체로 이렇다.

- 노동은 힘들고 위험하고 더럽다.
- 노동은 재미없고 단조롭다.
- 내 노동으로 만든 생산물에 비해 내가 가지는 몫은 너무 적다.
- 대체로 남이 지시하고 통제하는 대로 행하는 수동적

인 활동이다. 그래서 노동자가 자율적, 창의적으로 노동하는 경우는 드물다.

• 먹고살기 위해 돈을 버는 것 외에는 의미를 찾기 힘들다.

• 일하는 데 너무 많은 시간을 소모한다.

• 자신이나 자신이 속한 집단들이 추구하는 경제적 가치가 아닌 다른 가치의 실현에 기여하지 못한다.

• 노동을 하며 맺는 인간관계는 위계적인 상하관계이거나, 같은 지위에 있는 사람들이라도 서로 경쟁하는 관계이기 때문에 마음이 편하고 조화롭기 힘들다.

• 노동은 자연을 훼손하는 활동이다.

이렇게 괴로운 노동은 어떻게 해야 벗어날 수 있을까? 살아 있는 인간이 노동하지 않는 경우는 두 가지다. 아무것도 하지 않거나 노동이 아닌 다른 활동을 할 때다. 노동을 고역이라 느끼면 인간은 쉬거나 노동 아닌 다른 일을 하고 싶어 한다. 노동이 아닌 다른 활동이라면 놀이, 예술, 학문을 대표적으로 떠올릴 수 있다. 인간이 생존하기 위해 필요한 일인지 아니면 굳이 하지 않아도 되지만 하고 싶어 하는 일인지가 노동과 다른 활동들의 차이라는 주장이 있다. 물론 현실적으로 노동과 다른 활동들이 분명하게 구분되지는 않는다. 고려청자를 만든, 당시에는 천민 신분으로 강제 노역에 시달렸던 도공의 행위는 예술인가, 노동인가? 대부분 직업을 얻고 직장에서 사용하기 위한 내용으로 채워진 오늘날 학교에서의 공부는 자율적 학문인가, 노동의 한 가지인가?

사람들은 노동과 다른 활동 중 하나를 택하라면 어떤 선택을 할까? 아마 생계에 대한 필요가 없다면 노동을 선택할 이는 드물 것이다. 대부분의 현대인은 살기 위해 노동을 할 것이다. 노동을 필요에 종속된 활동으로 보고 놀이, 예술, 학문은 인간이 자유로운 존재임을 보여주는 증거라고 여긴 것은 오래된 일이다. 고대 그리스에서 이미 "시종 없이는 문화도 없다"라고 말한 이가 있었다. 경제적인 필요를 충족시키는 일은 노예들에게 강제되었고 자유로운 시민들은 더 중요하고 고상한 정치, 예술, 학문을 전담했기에 그리스 문명이 발전했다는 의미다. 역사적으로 보면 어떤 사회의 지배계급도 노동을 자신의 사회적 역할로 삼은 적이 없었고 피지배계급에게 더 많은 노동이 떠넘겨지지 않은 적도 없었다. 가끔 있었던 노동 찬미도 자신들이 노동을 하겠다는 결의가 아니라, 남들이 더 열심히 노동해야 내 삶도 안락해지기 때문에 다른 이들이 부지런함을 권장하는 것이었다. 이런 상황에서 노동 자체를 부정적으로 보고 노동으로부터의 해방이 인간 해방의 핵심이라 생각하는 것은 쉽게 납득할 수 있다.

"시종 없이는 문화도 없다." 이 말은 노동에 대한 부정적 인식을 가장 잘 보여주면서 동시에 소위 자유롭고 인간적인 삶이 누군가의 노동에 의존한다는 점도 잘 보여준다. 노동비하, 노동거부는 노동하는 사람을 낮게 보려는 지배계급이나 스스로의 삶의 방식을 부정하고 싶은 노동하는 사람들 자신의 비관적 관점이다. 아주 오랫동안 노동은 경제적 가치를 생산하기 위한 육체적 활동, 땀 흘려 인간의 근력을 발휘하는 행위를 의미했다. 그리고 사회를 발전시키는 의미 있는 결과를 가져오는 것은 노동이 아니라 정신을 사용한 인간 행위라 생각했다. 만약 그 생각이 옳다면 노동하는 이들이 사회적으로 중요한 집단이 되기 위해서는 노동을 거부해야 한다. 그렇다면 그때의 시종은 누가 될까?

노동하지 않는 인간 집단이 존재할 수 있는 방법은 두 가지다. 다른 인간들을 시종으로 만들고 자신들은 문화의 발전에 전념해야 한다. 과거나 오늘날이나 이것이 현실이다. 이 방식이 비인간적이라 생각하는 사람들은 인간이 아닌 다른 존재가 인류 전체의 시중을 들게 만들어야 한다고 생각한다. 근대 이후 기계산업의 발전은 기계가 노동으로부터 인간을 해방시켜줄 것이라는 꿈을 반복해 심어주었다. 최근 인공지능 등 기술 발전에 거는 사람들의 희망은 새로운 것이 아니다. 기술과 생산력의 급속한 발전이 아주 가까운 미래에 필요로부터 인류를 자유롭게 할 것이고 그때가 되면 인류는 노동으로부터 면제될 것이라는 생각도 근대 산업혁명 이후 큰 기술적 변화나 급속한 생산력 증대가 발생할 때마다 반복적으로 등장했다. 이처럼 지금 바로, 혹은 단기간 안에 노동을 거부하거나 노동으로부터 탈출해야 한다는 단순한 노동거부의 태도는 언제나 존재해왔다.

하지만 노동에 대한 다른 입장도 있다. 노동 자체가 가치 있고 의미 있는 인간의 본질적 활동이라는 생각이 그 하나다. 노동의 가치가 지금 당장 실현되느냐 개인의 생애 전체나 인류의 역사라는 중장기적 관점에서 실현되느냐의 차이는 있지만 말이다. 즉 지금은 힘든 노동을 하지만 말년에는 그 덕분에 편히 지낼 수 있다거나 내 자식 혹은 우리 사회의 미래를 위해 힘든 노동을 견딘다는 생각을 할 수도 있다. 또 노동에 그렇게 큰 의미를 부여하지는 않더라도 노동이 인간의 삶에서 벗어날 수 없는 조건이기에 받아들여야 한다고 생각하거나 언젠가는 노동으로부터 벗어나야겠지만 적어도 단기간에는 그 가능성이 없다고 판단할 수도 있다. 이 입장은 현재 노동에 종사하고 있거나 실업자를 포함해 노동하는 삶을 살기로 결심한 사람, 즉 노동자의 관점이다.

노동을 긍정적인 인간 활동으로 보는 이유는 이렇다. 먼저 노동은 개인과 인류의 생존을 위해 필요한 일이다. 생계유지 같은 인간에게 중요한 일을 담당하는 사회구성원들이 자부심을 느끼는 것은 이상하지 않다. 그 반대의 태도가 더 이상한 것 아닐까? 서투른 초급자가 능숙한 장인으로 성장하는 경우처럼 노동을 통해 인간의 능력이 강화되고, 노동하는 과정에서 다른 개인 및 공동체와 긍정적 관계를 맺기도 한다. 그리고 인간과 자연과의 관계를 인식하는 계기도 된다. 전통 사회 농민의 생태친화적 농경 등이 좋은 예일 것이다. 인간은 노동으로 자신의 본질을 실현하고, 이러한 노동을 통해 생산한 대상에서 성취감을 느낀다. 노동은 단지 생계의 수단이 아니라, 인간의 잠재적 본질을 실현하고 그것을 확인하는 장이다. 이런 관점에서 노동은 힘들지만 필요해서 하는 행위가 아니라 그 자체를 위한 인간 행위가 된다. 생활을 위한 수단일 뿐만 아니라, 그 자체가 삶의 1차적 욕구가 되고 그 과정을 통해 개인들의 전면적 발전이 이루어지는 것이 마르크스가 생각한 이상적인 노동이다.

노동이 인류 역사상 가장 긍정적 평가를 받은 것은 자본주의 사회에서다. 존 로크John Locke 이래로 많은 사상가들에게 노동은 근대적 소유권을 정당화하는 논리적 근거였다. 자신의 노동으로 가치를 더한 사물을 개인이 소유하는 것은 정당하다는 말이다. 또 자본주의는 이윤의 무한한 증식과 축적을 위해 노동자가 더 열심히 일해야 하는 체제다. 그래서 자유롭고 근면한 노동이 권장되었다. 프랑스혁명 과정에서 자유와 대립해 평등이 강조되면서 사회가 모든 구성원들에게 노동을 통한 생계보장을 제공할 책임이 있다는 생각도 확산된다. 하층민들은 평등해지기 위한 수단으로 '노동할 권리'를 주장했다. 프랑스혁명기에 노동할 권리가 법으로도 보장되면서 사회는 노동자가 노동을 통해 생계를 유지할 수 있게 일자리를 보장할 의무를 지게 되었다. 독일의 비스마르크Otto Eduard Leopold von Bismarck는 "민족과 국가를 위한 노동"을 주장했고 20세기 초 파시즘도 이를 계승해 우파적 입장에서 노동을 찬양했다.

그러나 이데올로기와 현실은 다르다. 자본주의 사회에서 노동자의 삶과 노동은 더 나은 대우를 받았을까? 노동자가 누리는 물질적 부가 늘어난 사회도 있지만 그렇지 않은 사회도 많다. 노동시간과 작업 과정의 위험이 상당히 줄어든 것(오늘날 노동자들이 겪는 위험한 작업 환경이 그나마 한두 세기 전에 비해 상당히 안전해진 것이라는 사실은 비극이다) 외에는 노동은 여전히 부정적인 인간 활동이거나 기껏해야 먹고살기 위해 하지 않으면 안 되는 것일 뿐이다.

② 노동으로부터의 해방과 노동의 해방

노동의 부정적 측면은 노동의 본질일까? 즉 노동에는 원래 부정적인 성격만 있는가? 아니면 긍정적인 면과 부정적인 면이 다 있지만 노동의 조건이 잘못되어 부정적인 면이 두드러진 것인가? 전자라면 노동의 부정적 측면을 없애는 것은 노동에서 해방되어야만 가능하다. 후자라면 노동의 부정성이 감소하고 긍정성이 증대되도록 노동하는 방식을 변화시켜야 한다.

마르크스는 후자의 입장이다. 그는 자본주의 사회에서 노동의 긍정적 면이 발휘되지 못하고 부정적 측면이 두드러지는 이유를 '소외'라는 개념으로 설명했다. 자본가가 생산수단(생산물을 생산하는 과정에 필요한 요소 중 노동자의 노동력을 제외한 토지, 건물, 기계, 도구 등)을 사적으로 독점하고 이윤만을 목적으로 하기에 노동이 고통이 되었다는 것이다. 생산수단을 소유하지 못한 노동자는 생존이라는 1차적 필요만을 위해 노동해야 한다. 노동자는 자신이 생산한 것을 처분하거나 온전히 분배받을 수 없고(노동 생산물로부터의 소외), 자기가 원하는 방식으로 노동을 할 수도 없으며, 노동 과정에서 인간의 노동은 자본가의 지시와 기계의 작동에도 종속된다. 전인적이고 자율적인 활동을 단조롭고 타율적인 행위가 대신한다(생산과정으로부터의 소외). 생산을 통해 맺는 인간관계는 착취, 통제, 경쟁의 관계가 되었다(인간으로부터 인간의 소외). 그리고 일정한 배타적 영역, 즉 일정한 직업이나 직종에만 종사하게 되었다. 특히 정신노동과 육체노동의 분할에서 시작된 노동의 다양한 분할은 노동자들의 상황을 매우 복잡하게 분열시켰다(사회적, 기술적 분업으로 인한 소외).

이 모든 일은 생산성 향상을 통해 자본가의 이윤을 증대시키기 위한 것이었다. 노동자는 자신과 사회구성원들의 필요를 위해 자신의 노동력을 판매해야 하지만 결국 자본가의 이윤을 위해 더 많이 노동하게 된다. 노동자가 아니라 자본가가 생산수단을 소유하기 때문이다. 사회가 유지되기 위해서는 사회구성원들의 필요를 충족시켜야 한다. 이때 무엇이 얼마나 필요한지는 생물학적으로 결정될 뿐만 아니라 문화적으로도 결정된다. 즉 육체의 생존을 유지하기 위한 필수적 필요 외에 사회적으로 인정하는 필요도 있다. 마르크스는 와인을 예로 든다. 와인은 어느 나라 사람들에게는 사치스러운 기호식품일 수도 있지만 어느 나라 사람들에게는 식사에 빠질 수 없는 물 같은 것이다. 생물학적 필요든 문화적 필요든 사람들의 욕구를 충족시키기 위한 재화를 생산하던 노동의 의미가 자본주의 사회에서는 극적으로 변화했다.

생산수단을 사적으로 소유한 자본가가 노동자와 계약을 맺어 생산을 하는 이유는 생산물을 시장에서 유통시키고 그 결과로 이윤을 얻기 위해서다. 그 방식은 사람들의 필요를 충족시키는 것이지만 궁극적인 목표는 이윤의 획득이다. 자본주의 화폐경제에서 이윤의 획득은 이론상으로는 무한대로 늘어날 수 있다. 결국 노동은 인간의 자기실현이기는커녕 인간의 필요를 충족시키는 역할조차 하지 못하고 자본가의 이윤 획득의 도구로 전락해버린다. 노동의 의미가 달라지고 따라서 그 성격도 달라진다. 그 결과가 노동의 소외다. 게다가 자본은 노동자들의 산노동의 결과물이다. 즉 노동자들의 노동이 만들어낸 가치 가운데 자본가가 착취한 잉여분을 축적한 결과로 만들어진 자본이 이제는 노동자를 지배한다. 노동자가 만든 자본이 자본 스스로의 증식을 위해 노동자를 고용하고 착취한다.

노동소외를 극복하기 위해서는 몇 가지 조건이 충족되어야 한다. 우선 사회 전체의 물질적 필요를 충분히 채워줄 만큼 생산력이 발전해야 한다. 두번째로는 생산수단의 사적 소유와 정치적, 사회적 강제 그리고 작업장의 노동과정을 포함해 노동을 단조롭고 수동적이며 고통스러운 것으로 만드는 사회적 제약이 철폐되어야 한다. 세번째로 사회적 필요를 생산하는 데 기여하지 않는 계급이 생산물에 대한 소유권을 더 많이 행사하는 것, 즉 착취를 철폐하고 노동하는 이들에게 그들의 기여에 상응하는 몫을 주어야 한다. 마지막으로 인간 자체가 변해야 한다. 필요에 얽매이지 않는, 즉 자신의 경제적 이익이라는 동기로부터 벗어나 스스로를 향상시키는 활동을 하는 존재로 변해야 한다. 사회와 인간이 모두 변해야 새로운 세상이 된다. 이 조건들이 실현되는 역사적 과정이 없다면 지금 당장 노동으로부터 벗어난다 해도 우리가 더 의미 있는 행위를 하기는 힘들다.

최근 기술 발전 덕분에 인간이 노동으로부터 벗어날 수 있으리라는 기대가 다시 높아지고 있다. 기술 발전이 가져올 사회적 부의 증대는 물질적 필요로부터 인간을 어느 정도 자유롭게 해줄 수도 있을 것이고, 지금까지 인간이 감당해온 위험하고 힘들고 단조로운 노동 방식에서 인간이 벗어나는 기술적 조건이 될 수도 있다. 그러나 생산수단의 사적 소유와 거기에서 파생되는 여러 사회적 조건의 변화 없이 기술적 조건의 변화만으로 노동이 해방될 수는 없다. 기술의 발전이 곧 노동으로부터의 해방인 것은 아니며, 이는 노동소외를 극복하는 여러 조건 가운데 하나다. 기술이 육체적으로 힘든 노동과 필요에 종속된 노동을 면세해준다고 해서 인간이 곧바로 해방되지는 않는다. 노동의 성격 자체가 변화해야 한다. 노동은 필요해서 할 수 없이 하는 것이 아니라 그 자체가 목적인 행위가 되어야 한다. 노동을 거부하고 필요로부터 해방된 향유를 지향하는 것이 아니라 필요와 노동과 향유의 성격을 변화시켜 인간이 해방되는 것이 마르크스의 이상이다.

마르크스는 인간의 자기실현이 노동의 이상적인 성격이라 생각했다. 그는 공산주의 사회가 되면 노동은 온전히 긍정적인 것이 되리라 희망했다. 시종과 문화가 하나가 되며 육체노동과 정신노동의 분할이 극복되어야 한다. 근대 사회의 도시는 농촌을 착취하고 지배하게 되었다. 이 관계가 세계적 규모로 확장되어 자본주의 선진국이 비자본주의적 국가를 착취한다. 궁극적으로는 인간이 자연을 극도로 약탈하게 된다. 이 모든 상황은 끝나야 한다. 이 과정에서 인간은 새로운 주체로 전화한다. 자본과 노동, 육체노동과 정신노동, 농촌과 도시, 지배와 복종의 모순이 지양된다. 그 단계가 되면 노동은 인간이 지닌 가능성을 스스로 발현하는 과정으로 변한다.

노동의 긍정성과 부정성에 대한 물음은 노동이 인간에게 어떤 의미인지를 묻는 것이며 노동과 인간의 관계를 묻는 것이므로 인간이 누구인지를 다시 물어야 답할 수 있다. 우리는 노동하는 주체, 즉 인간이 누구인지부터 물어야 한다.

2장. 우리, 인간은 누구인가

"당신이 먹는 것이 당신이다." 히포크라테스[Hippocrates]가 한 말이다. 또 누군가는 "당신이 한 행위가 당신이다"라고도 했다. 마르크스는 행위가 그 사람을 만든다는 말에 동의하지만 혼자서 무언가를 할 수 있는 인간은 없다고 덧붙였다. 마르크스는 살아 활동하는 현실의 인간에게 관심이 있었다. 그 인간을 경험적이고 과학적으로 관찰한 결과가 마르크스의 인간관이다. 그래서 마르크스는 인간이 어떻게 행동하는지 탐구했다. 인간은 무엇을 할 때 항상 자기 밖의 무엇인가와 관계를 맺는다. 인간이 다른 인간과 함께 인간이 아닌 세계를 대상으로 행동하며 동시에 세계로부터의 반작용을 받는 끊임없는 상호적인 과정이 노동이다. 이런 의미에서 마르크스는 노동을 인간의 가장 중요한 특징으로 보았다.

① 노동을 통해 본 인간: 마르크스의 인간관

마르크스가 생각하는 모든 인간 사회와 역사의 전제는 개인들이 살아 있는 것이다. 그러므로 이 개인들의 신체적 조직과 이 신체적 조직이 그 밖의 자연과 맺는 관계를 우선적으로 보아야 한다. 다시 말해 인간의 모든 활동은 일단 살아 있어야 가능하며, 인간은 생존하기 위해 몸을 사용해 자연과 관계를 맺는다. 인간의 생존 활동은 채취, 수렵에서 농경과 공업으로 진화했다. 인간이 생존과 생존 이상의 다양한 삶을 위해 필요한 것을 얻으려 자연을 의식적으로 변화시켜 생산하고 분배하는 유용한 활동이 노동이다. 그래서 노동은 인간의 활동 중에서 가장 본질적이다. 노동이 없으면 다른 활동을 하는 것이 불가능하다. 마르크스는 인간의 이런 활동에서 인간이 어떤 존재인지 탐구하기 시작한다.

인간은 다른 어떤 동물종보다도 밀접하고 복잡한 군집생활을 하는 특징이 있다. 진공상태 속에 홀로 존재하는 인간은 없다. 그러므로 생존하기 위해 자연과 관계 맺을 때 인간은 항상 다른 인간과 함께 협력한다. 인간은 사회적 동물이다. 동시에 인간은 도구를 사용하는 동물이다. 도구를 사용하는 다른 동물도 더러 있다. 인간이 다른 동물과 완전히 달라지는 지점은 사용하는 도구를 스스로 생산한다는 것이다. 인간은 노동수단의 생산도 당연히 다른 인간과 함께한다. 즉 생존에 필요한 것들의 생산과 그 생산을 위한 도구의 생산은 사회적 관계 속에서 이루어진다. 마르크스가 보기에 노동수단은 인간의 노동이 얼마나 발전했는지를 보여주는 척도이며 동시에 당대의 사회관계가 어떻게 이루어져 있는지를 보여주는 지표 역할을 한다. 역사학이 인류의 역사를 구석기 시대, 신석기 시대, 청동기 시대, 철기 시대 등 도구로 구분해온 것도 같은 이유다.

생산은 사회적 활동이기 때문에, 사람들은 생산과정에서 타인과 일정한 사회관계를 맺을 수밖에 없다. 노동을 하는 과정에서 인간은 자기를 계발하고 자기실현을 이루기도 한다. 인류 전체의 진화 과정에서든 개인의 성장 과정에서든 마찬가지다. 인간은 실천적 활동으로 스스로 역사를 창조하지만 그렇다고 자의적으로 선택한 조건이나 환경에서 역사를 만드는 것은 아니다. 인간은 역사적으로 형성되어 전래된 물질적 조건이나 환경 속에서 역사를 만든다. 인간이 노동과 같은 실천적 활동으로 환경을 만들 듯, 환경도 인간의 삶에 일정한 제약을 가해 인간을 만든다. 마르크스가 보기에 인간은 이런 활동의 총체이자 활동을 통해 맺는 '사회적 관계의 앙상블'이나. 인간의 본질이 현실 밖에 미리 존재하며 현실과 상관없이 불변하는 것이 아니라는 의미다. 물론 인간종의 생물학적 보편성과 상당 기간 지속되는 인류의 특징들은 있다. 그것들도 살아 활동하기 위한 조건을 이룬다. 그러나 그 또한 장기적으로는 변화한다. 자연은 고정되지 않고 변화하며 그 일부인 인간도 변화한다. 따라서 인간과 자연의 관계 맺음의 방식, 그리고 그에 반드시 수반되는 인간끼리의 관계도 변화한다. 또 인간은 이런 관계적 활동을 통해 스스로도 변화시켰다. 인류의 진화뿐만 아니라 개별 인간의 발전과 성숙 혹은 쇠퇴나 타락도 인간이 자연 및 다른 인간과 상호작용하는 과정의 결과다.

이처럼 인간이 누구인지는 구체적이고 역사적인 사회적 관계에 의해 규정된다. 그래서 '인간은 선한가 악한가', '인간은 이기적인가 이타적인가', '합리적 이성이 인간의 본모습인지 인간은 무의식적이고 정서적인 충동의 동물인지'와 같은 질문은 의미가 없다. 변치 않는 선천적 본성으로 인간을 환원하는 태도는 진짜 인간을 알 수 없게 하기 때문이다. 살아 활동하는 인간이 어떤 조건에서 어떻게 활동하는지에 따라 인간은 변화한다. 인간이 무엇인가라는 물음에는 현실의 인간에 대한 과학적 해명의 방식으로만 답할 수 있다.

근대 유럽에 살았던 마르크스는 당대의 다른 유럽인들처럼 인간을 정치와 경제 측면을 중심으로 이해하는 것이 중요하다고 보았다. 근대의 계몽주의자들은 이성을 인류가 공유하는 본성으로 보았다. 이성에 의지해 개별적이고 독립적으로 자신의 이익을 실현하는 존재, 이기적이고 합리적인 개인이라는 근대적인 주체가 근대에 와서 널리 받아들여진 인간관이다. 근대적 개인은 전통적 공동체와 충돌했다. 또 새롭게 만들어진 근대적 공동체 특히 민족과 국가와도 모순을 드러냈다. 근대인들은 오랫동안 개인과 공동체는 화해할 수 없는 것이고 둘 중 하나를 선택하거나 기껏해야 절충을 통해서 둘의 모순을 봉합해야 한다고 생각했다. 마르크스 인간론의 의미 하나는 근대 유럽에서 시작해 오늘날까지 널리 퍼져 있는 '개인과 공동체'라는 인간을 보는 틀을 근본적으로 반성하는 것이다.

② 개인과 공동체, 진짜 인간은 누구인가

마르크스는 개인과 공동체의 모순을 해결하기 위해 현실에 존재하는 개인이 실제로 어떻게 존재하고 활동하는지를 보자고 제안한다. 개인은 개체로 존재하면서도 동시에 공동체의 일원으로, 집단적 주체로도 존재한다. 현실에는 순수한 개인도 없으며 어떤 개별성도 허용하지 않는 순수한 집단도 존재하지 않는다. 어떤 정교하고 세련된 또는 폭력적이고 억압적인 획일화의 시도도 저항에 부딪치고 균열을 겪어왔으며, 어떤 개인도 다른 이들과 함께 속하지 않는 절대 고독을 견디지는 못한다. 즉 개인과 공동체는 순수하게 존재하지 않는다. 개인이며 동시에 집단으로 존재하는 하나의 현실이 있을 뿐이다. 개인과 공동체라는 두 개념은 하나의 현실이 가지는 다른 측면을 관념적으로 추상화한 결과물이다.

이 하나의 현실을 마르크스는 "인간은 사회적 관계의 앙상블"이란 명제로 표현했다. 개인은 자신만의 고유한 정체성^{identity}(동일성)을 가지고 있다. A라는 개인이 B, C 등의 다른 개인 그리고 인류 전체와 구별되어 개별적으로 존재한다면 그가 다른 개인과 구별되는 a라는 자신만의 정체성을 가지고 있기 때문이다. 그 정체성이 어느 정도 동일하게 유지되는 동안은 A는 A로 존재한다. 마르크스의 말은 이런 개별적 인간이 존재하지 않는다는 의미가 아니다. 그러나 개인의 동일성은 다른 자연적, 사회적 존재와의 상호작용의 결과물로 구성된다. 생물학적 개체로서의 인간은 외부 자연과의 신진대사를 통해 생명을 유지한다. 생명의 유지가 개인의 동일성의 첫번째 전제다. 생명체는 죽으면 자연으로 돌아간다. 즉 더 이상 동일성을 유지하지 않는다. 역설적이게도 동일한 생명체는 동일하지 않은 다른 것들을 섭취하고 소화하는 과정에 의해서만 유지될 수 있다. 사회적인 인간의 동일성은 더더욱 외부 환경과 맺는 관계의 결과다. 개인의 기질과 취향에는 선천적 성격도 있지만, 그 구체적 내용 가운데 많은 부분은 후천적으로 채워진다. 타고난 기질과 성향은 사회 속에서만 실현될 수 있다. 어떤 사람이 붉은 색을 좋아하는 취향이 유전적으로 결정되었더라도 그는 붉은 색을 세련되게 사용한 화가의 그림을 즐겨 보고, 스스로 붉은 물감으로 색칠하고, 붉은 옷을 입어서 타고난 취향을 실현한다. 그림, 물감, 옷은 사회의 산물이다. 어디까지가 선천적이고 주관적인 영역이고 어디서부터가 외부 사회의 영역인지를 나누는 것도 불가능하고 경계가 그어진다 해도 그 선은 항상 변화한다.

주체와 객체는 상호작용한다. 즉 주체적 개체와 공동체를 비롯한 객관 세계는 각자의 자립성을 유지하면서도 동시에 서로 연결되어 있다. 둘 사이의 경계는 결코 확정적이지 않다. 나는 나 아닌 것이 될 가능성을 가지고 있다. 그러기에 나 아닌 것을 두려워하는 것인지도 모른다. 나를 나 아닌 것에 개방하는 극단적인 과정이 나의 죽음이다. 그러나 죽음과는 반대로 나의 삶이 확장되고 충만해지는 기쁜 개방의 과정도 있다. 흔히 사랑과 우정을 그 예로 든다. 또 내가 모르던 것을 새롭게 아는 것, 타인과의 경쟁이 아니라 협력을 통해 무엇인가를 성취하는 경험, 적대적 생각과 가치관에 대한 관용과 공존, 그리고 기존의 가치를 넘어서는 새로운 더 고상한 가치를 발견하는 것도 그런 경우다. 이 모든 것은 나와 남, 그리고 그 둘이 관계 맺는 방식이 폐쇄적으로 고정되지 않았기 때문에 실현될 수 있다. 이제 문제는 개인과 공동체 둘 중 하나를 선택하거나 둘을 적당한 비율로 절충하는 것이 아니다. 관계의 방식을 그 관계망에 연결된 항들, 즉 개인들과 공동체들에게 유리한 방식으로 다시 구성하는 것이 과제다.

　주체가 자신이 아닌 것에 개방되어 있다는 것을 인정하지 못하면 주체는 증오, 혐오, 두려움에 사로잡힌다. 나는 자본가이거나 노동자로 존재하면서도 동시에 남성, 여성, 혹은 제3의 성으로 존재하며 국가, 민족, 종족, 직장, 사교 모임 등 공동체의 구성원으로, 또 동시에 남과 구별되는 자의식을 가진 개인으로도 존재한다. 어떤 정체성은 생물학적으로 결정될 수도 있고 사회적 조건에 견고하게 결박되었을 수도 있다. 하지만 장기적으로 모든 동일성은 변화한다. 주체와 객체, 장기적으로 지속하는 것과 단기적으로만 존재하는 것이 어느 지점에서 만나 형성된 동일성을 선천적이고 고정된 것으로만 보면 우리는 다른 존재가 되기를 거부하게 된다. 그 거부감과 두려움은 나와 다른 존재를 지배하거나 파괴해버리지 않으면 견디기 힘들 정도로 강렬하기도 하다. 동일성을 보존하려 노력하면서 동시에 변화를 받아들이고 수용하는 모순적 존재가 실제의 인간이다. 우리는 젊음을 유지하려 애쓰며 늙어가고, 살고 싶어 하지만 죽음을 받아들여야 한다.

공동체도 마찬가지다. 집단이 개인 혹은 다른 집단과 화해할 수 없는 대립에 빠지는 경우는 집단의 동일성이 고정적이고 폐쇄적일 때다. 집단의 구성원이 가지고 있거나 지향하는 동일성이 그 집단의 동일성과 다른 경우에 갈등이 일어난다. 자신이 태어난 사회의 종교, 가치관, 취향을 견딜 수 없는 이들을 사회는 용납하지 않는다. 집단적 정체성은 다른 집단의 정체성도 받아들이지 않는다. 그 극단적으로 부정적인 사례는 인종주의와 배타적 민족주의다. 식민지 시대 유럽의 백인들은 유색인종을 학살하거나 노예로 삼는 것을 주저하지 않았다. 유럽, 기독교 문명, 피부색 같은 자신들의 동일성을 공유하지 않았기에 유색인을 약탈하고 착취하는 것은 정당했다. 나치와 같은 극단적 사례까지는 아니라도 폐쇄적 민족주의가 다른 민족을 배제하는 폭력은 지금 시대에두 일어난다. 그러니 그 모든 공통체늘은 역사의 흐름 속에서 결국은 변화한다.

그러나 자유주의의 입장은 다르다. 자유주의는 선천적으로 완성되어 변하지 않는 본질을 가진 개인이라는 인간을 전제한다. 그 인간은 자유롭고 개별적이고 독립적이면서 이성을 가지고 있고 자기이해관계self-interest라는 정념passion에만 지배되는 존재다. 이성적인 인간이 정념에 지배된다는 말이 이상하게 들릴수도 있다. 근대인들이 생각한 이성은 자기에게 이익이 되는 것과 손해가 되는 것을 수와 양으로 환산해서 계산할 수 있는 능력이다. 즉 자기의 이익을 최대로 하고 손해는 최소로 하려는 정념에 사로잡혀 이성을 이 목적을 위해서만 사용한다는 의미다. 결국 이기적이고 합리적인 존재가 근대적 인간이다. 반면에 공동체주의자들은 인간이 이기심과 계산 능력과는 다른 본질을 가졌거나 적어도 이기심을 억누를 가능성을 가졌다고 믿었다. 그래야 공동체가 개인을 넘어설 수 있다. 그러나 이 두 모순된 인간관 가운데 하나를 선택해서는 개인과 공동체의 대립은 해결될 수 없다. 두 인간관 모두 비현실적이기 때문이다.

공산주의에게 가해지는 가장 흔한 비판 하나를 생각해보자. 비판자들은 인간의 본성 때문에 공산주의 사회가 경제적으로 실패했다거나 혹은 실패할 것이라고 전제한다. 인간은 이기적 존재이므로 개인의 경제적 이윤을 최대화하려 하고, 이 동기가 충족되지 않는다면 열심히 일하지 않으려 할 것이며, 모두가 평등해지면 다른 구성원과 사회 전체를 위해 노력할 동기가 없어진다는 것이다. 그리고 그런 사회가 사회구성원 모두가 자신의 이익을 위해 경쟁하는 사회보다 잘살 수는 없다는 것이 오랫동안 설득력 있다고 받아들여진 논리다. 심지어 현실사회주의 국가(소련과 동구에 성립되었다가 20세기 말에 사라진 사회주의 체제의 국가들)에서도 이런 논리를 수용했다. 경제적 동기 없는 생산방식이 인간의 이기심과 어울리지 않기 때문에 현실사회주의 사회의 생산력이 낮다고 본 것이다. 인간은 이기적인 존재인데 이타적으로 살기를 요구하는 사회가 유지될 수 있겠느냐는 문제 제기다.

마르크스주의는 이기심이 인간의 변치 않는 본질이 아니라고 대답한다. 생물학적 개체로서의 인간이 가진 자기보존의 본능이나 다른 고차적 욕구들이 자본주의라는 사회적 조건에서 실현되는 모습이 이기적 행태일 뿐이다. 최근 미국을 중심으로 확산된 사회적 경제론자들의 실험은 오히려 인간이 가진 이타적 본성을 입증하려 한다. 인간의 본질을 전제한다는 한계는 있지만 이 연구들은 이기적, 합리적 인간이라는 자유주의의 전제가 현실과 부합하지 않는다는 걸 보여주었다. 인간을 규정하는 사회적 관계가 완전히 새로운 사회적 관계로 바뀌면 동시에 인간 자체도 새로워질 것이다. 인간 주체의 변화와 사회적 조건의 변화가 동시에 일어나지 않는다면 개인과 공동체의 모순은 해결되지 않을 것이고 자본주의도 결코 넘어서지 못할 것이다. 내가 변하면 사회도 변하고 사회가 변하면 나도 변한다. 둘 사이의 상호적 변화는 나눌 수 없는 긴 과정이다. 새로운 인간과 새로운 사회는 그 과정의 결과로 구성될 것이다. 이때도 그 상호작용이 일어나는 구체적 현실을 해명하는 것이 중요하다.

인간은 세상에 존재하는 모든 것처럼 계속해서 변하기 때문에 인간은 무엇인가에 대한 최종적인 해답은 마르크스주의적 관점에서는 결코 주어질 수 없다. 인간은 완결되고 선천적이고 초월적으로 주어진 존재가 아니라 사회적 관계의 앙상블로서 구성되는 것이다. 개인과 공동체의 모순은 개인과 공동체가 구성되고 상호작용하는 조건을 변화시켜야만 해결될 수 있다. 변화가 일어나는 시간의 흐름을 우리는 역사라고 한다. 개인과 공동체 그리고 그 둘 사이의 관계가 '역사적'이라는 말은 역사적 과정 속에서 형성되었다는 의미이기도 하고 미래에는 또 새로운 모습으로 존재할 것이라는 뜻이기도 하다. 미래에 올 세상이 진정으로 새로운 사회라면 그 시대에는 새로운 인간과 공동체, 그리고 둘 사이의 새로운 관계가 등장할 것이다. 개인과 공동체의 모순은 역사 속에서 해결된다.

3장. 자유주의와 공동체주의를 넘어

인간의 삶을 이해하고 설명하는 과정에서 이항대립적 방식이 널리 사용되었다. 개인과 공동체라는 대립하는 한 쌍의 개념은 많은 것을 설명한다. 공동체와 개인의 관계는 오래전부터 중요한 철학적 문제였지만 근대 자본주의 사회만큼 이 관계의 갈등적 측면이 두드러졌던 시기는 없었다. 철학적으로는 개별과 보편, 전체와 부분, 현실적으로는 자유와 평등, 사회와 국가, 이기심과 이타심, 그리고 민주주의와 전체주의(전체주의란 개념은 냉전 시기 파시즘과 공산주의를 한통속으로 묶기 위해 널리 유포되었지만 지금은 현실에 부합하지 않아 거의 사용되지 않는 개념이나, 한국에선 아직도 자주 언급된다) 등이 모두 개인과 공동체의 관계와 연결된 개념들이다. 개인과 집단을 각각 사회를 이루는 기본 단위이자 목표로 보는 사회사상이 근대에 등장했다. 개인을 강조하는 사회사상이 자유주의 혹은 개인주의이고 그 반대편에 있는 사회사상이 집단을 개인보다 우선시하는 공동체주의 혹은 사회주의다.

철학적인 관점에서 개인과 공동체의 갈등 상태에 대한 설명은 어떤 인간관을 전제한다. 개체로서의 인간은 자기를 보존하고 자기로서 활동하려는 분명한 경향이 있다. 하지만 자기를 유지하기 위해서는 공동체가 필요하다. 인간이 개별적으로 완결되어 존재한다고 보면, 즉 개인을 고립된 실체로 보면 다른 개인과 공동체는 개인에 대한 외적 제약이 된다. 개인이 공동체의 일원이 되는 것은 개인으로서의 어떤 것을 포기해야만 가능하다. 그래서 개인이 희생할 것과 공동체로부터 받아올 것 사이의 가치를 비교해 거래와 절충이 이루어진다. 이 거래 과정에 참여한 개인들의 이해관계가 다르고 또 상황에 따라 변하기에 개인과 공동체의 관계는 잠정적이고 불안정하다.

또 한 개인이 자신의 이익을 최대로 하려면 공동체의 다른 개인들이 더 많은 것을 희생해야 하기도 한다. 이익 추구의 자유(특히 경제적 이익을 보존하고 추구할 권리는 근대 초기부터 자유의 핵심적 의미였다)는 공동체에 속한 개인들 사이의 평등을 위태롭게 한다. 평등은 반대로 다른 개인의 자유에 의해 위협받는 자신의 자유를 지켜주는 역할을 한다. 따라서 평등은 어떤 개인에게는 자유의 보장이지만 어떤 개인에게는 이전에 누리던 자유의 축소를 의미한다. 따라서 개인적 자유주의는 당연히 자유를, 공동체(사회)주의는 당연히 평등을 우선적 가치로 꼽는다. 자유는 이익 추구의 자유에서 출발했기에 나중에 등장한 어떤 자유도 소유권의 자유를 초과할 수는 없다는 것이 자본주의 사회를 지탱하는 제1의 원리다. 공동체주의는 복고적이든 진보적이든 사회 자체의 지속, 다수의 사회구성원의 이익 또 공동으로 추구하는 가치를 위해 특정 개인이나 집단의 이익 추구의 자유에 한계를 설정하려 했다. 이것이 자유와 평등의 역설이 발생한 배경이다.

공동체를 강조해 전체의 이익을 위해서 부분은 종속되어야 한다는 공동체주의의 입장과 반대로 개인의 자유를 통제, 억압하는 공동체는 존재할 이유가 없다는 개인적 자유주의의 입장 사이의 지루한 공방과 절충이 근대 이후 정치철학의 주된 과제였다. 오랜 이론적 논쟁과 정치적 갈등 끝에 자유주의(개인주의)와 사회주의(공동체주의)의 대결은 현실사회주의 국가들의 붕괴를 근거로 자유주의의 최종 승리로 종결되었다는 선언이 나왔다. 이 역사적 사건이 자유주의의 최종적 승리를 보여주는 것인지에 대해서는 논란이 많다. 승리감을 만끽하던 (신)자유주의 체제가 심각한 위기와 저항에 부딪치면서 낡은 이념으로 여겨졌던 공동체주의의 여러 유령들이 (신)자유주의로부터 배제된 민중들의 몸을 빌려 속속 돌아오고 있다. 종교근본주의, 배타적인 종족주의, 민족주의, 인종주의가 다시 극성을 부리고 있다. 유럽의 극우주의정치 세력과 주변부의 배타적 민족주의와 종교근본주의는 개인 간 경쟁을 극단적으로 강요한 (신)자유주의에서 가장 피해를 본 민중들을 가상의 공동체에 귀속시켜 열광적 지지를 얻고 있다.

① 자유주의와 공동체주의

1. '개인' 대 '공동체', 무엇이 진짜로 존재하는가?

자유주의는 개인의 자유를 무엇보다 우선으로 본다. 자유주의는 정치, 사회, 경제 모두에서 개인의 자유를 최대로 실현하려 한다. 개인만이 실제로 있다. 개인을 넘어선 공동체는 실체가 없다. 자유주의는 공동체의 실재를 부정하고 인간들은 개인으로서 생각하고 행동한다고 본다. 이것이 공동체주의와의 가장 근본적인 차이다. 근대 초기의 고전적 자유주의를 현대에 고스란히 계승하려는 신자유주의 시대를 열었던 영국의 전前 수상 마거릿 대처Margaret

Thatcher는 이렇게 선언했다. "사회라는 것은 없다." 그 결과는 불평등, 경쟁, 생태적 위기의 확대와 그것을 제어할 공적 장치의 축소, 그리고 우리 삶의 모든 필요를 시장에서 해결해야 하는 세상이다.

반대로 독자적인 공동체가 실재하며 활동의 주체라고 생각하는 것이 공동체주의다. 공동체주의들은 사회, 민족, 국가, 가문, 종교집단 등이 개인들을 넘어 진짜 실체와 의미를 가지고 있다고 본다. 구성원들을 낳아 기르고 생계와 교육을 책임지는 따뜻한 집단이나 가문의 명예를 위해 자식을 죽이는 부모나 민족의 사명을 위해 민족구성원들을 전쟁터로 몰아넣은 극단적 경우 모두 공동체주의의 사례다.

2. '개인은 자신의 이해관계만을 안다' 대 '공익은 존재하며 무엇인지 알 수 있다'

자유주의는 공동체의 이해interest, 즉 공익은 실제로는 없다고 말한다. 개인적 이해의 합이 있을 뿐이다. 자신의 이해가 무엇인지를 가장 잘 아는 것은 개인 자신이다. 이 전제를 따르면 모든 결정은 개인들에게 맡겨야 한다. 공적 결정은 개인의 자유로운 선택들이 모인 결과일 뿐이다. 자유주의는 사회를 구성하는 모두에게 무엇이 최선인지를 아는 것은 불가능하다고 본다. 자신을 위해 결정을 내릴 가장 좋은 위치에 있는 것은 개인 자신이다. 그러므로 공적 이익이나 개인 자신의 이익을 이유로 공동체나 다른 개인이 개인의 선택을 강요해서는 안 된다는 것이 고전적 자유주의 시대부터 내려온 주장이다. 어떤 개인이나 집단, 특히 국가 등의 공동체가 어떤 것이 더 나은 세상인지를 결정하는 것은 자유주의자들이 보기에 극히 위험한 일이다. 여기가 자유주의와 공동체주의가 갈라지는 지점이다. 자유주의는 사회가 제대로 작동하는 것이 개인적 선택들의 결과로 나타난 것이며, 제도들과 규칙들은 개인의 행동이 합해진 결과로 자생적으로 생겨났다고 본다.

자유주의에 따르면 세상은 개인의 자유로운 선택들의 의도하지 않은 결과unintended consequences로 최적의 상태에 도달한다. "번영은 자유로운 개인들이 상호이득을 위해 발명하고, 창조하고, 저축하고, 투자하고 그리고 궁극적으로 재화와 서비스들을 자발적으로 교환하는 것—자유시장경제라는 자생적 질서—을 통해서 온다"는 프리드리히 하이에크Friedrich Hayek의 말에서 알 수 있듯이 자유주의는 시장 만능주의를 정당화하는 철학이다. 하이에크는 "어떤 개인이나 집단의 정신도 그러한 복잡한 질서들을, 개량하는 것은 말할 것도 없고, 이해할 수 없을 것"이라 단언한디. 그린데도 자본주의 사회는 알 수 없는 이유에서 최적의 상태에 도달하게 된다. 이런 점에서 자유주의는 불가지론과 신비주의의 결합이다. 그런데 내가 진짜로 원하는 것을 나는 알까? 그리고 자생적 질서가 정말 인간에게 최선의 상태를 보장해줄까?

반면에 공동체주의는 무엇이 사회에 더 좋은지를 민주적으로 의사를 교환하는 구성원들 전체, 특별한 개인, 적절하게 고안된 제도가 알 수 있다고 믿는다. 공동체주의는 공동체 구성원들이 공동체에 귀속되는 조건으로 그들을 보호한다. 개인은 자유를 잃고 보호를 얻어야 한다. 민주적인 절차에 따라 국가가 시행하는 각종 사회정책들이 인류에게 가져다준 자유와 복지 혜택들은 공동체의 좋은 사례로 여겨진다. 공동체주의의 나쁜 사례는 아리안 민족의 사명을 홀로 안다며 '민족을 이끄는 자Führer'를 자임한 히틀러 Adolf Hitler의 나치 독일부터 봉건적 가치관을 가진 장로나 성직자, 양반들이 통제하던 전통 사회까지 다양하다. 자유주의자들이 보기에 가장 나쁜 공동체주의의 사례는 구성원들이 원하는 것을 모두 알고 계산할 수 있다고 생각하는 계획경제다.

자유주의는 개인보다 중요하고 큰 능력을 가진 존재는 없다고 보기 때문에 모든 개별적인 것을 존중해야 한다. 따라서 자유주의에 관용은 필수다. 찬성하지 않거나 거슬리는 생각과 행동도 제한해서는 안 된다. 자유주의는 근대 초기에는 다른 신앙, 그리고 현대에는 정치적 신념과 성적 취향의 차이에 근거한 어떤 차별에도 반대한다. 또한 개인이 자의로 선택하지 않은 어떤 가치를 개인에게 강요해서도 안 된다.

그러나 자유주의는 차이에 대한 관용을 확대 해석해 차별을 정당화하기도 한다. 부와 권력의 불평등을 차이라고 보면 그것을 없애려는 시도는 개인에 대한 폭력이다. 또 현실의 자유주의 사회에서는 이윤이라는 획일적 잣대로 이윤을 낳지 못하는 모든 것의 가치를 부정하는 모순이 발생한다. 차별의 철폐를 통해 차이를 실질적으로 존중하고 다른 것들의 평등한 공존을 실현하려는 입장도 자유주의의 관점에서 보면 개인의 자유에 대한 부당한 개입이다.

3. '개인의 소극적 자유와 소유권' 대 '적극적 자유와 평등'

고전적 자유주의가 옹호하는 자유는 소극적 자유다. 이것은 개인이 다른 개인이나 공동체의 위협, 강제 혹은 방해를 받지 않을 권리를 의미한다. 소극적 자유의 전제는 사적 재산과 계약을 존중해야 번영하는 사회를 만들 수 있다는 것이다. 그 결과로 나타나는 차이, 즉 빈부격차와 거기서 파생된 차이들은 자연스럽고 정당한 것이다. 자유주의는 인간 간의 차이가 항상 존재해왔고 그러한 차이가 의도적인 개입으로 제거될 수 있다고 믿지도 않는다. 더 좋은 사회는 개인의 자유로운 선택들의 결과로서만 오지 누군가 미리 알고 계획하는 것이 아니다. 이해interest와 효용utility은 주관적이어서 측정될 수 없기 때문이다. 측정될 수 없는 이익을 신장시킨다는 적극적 자유는 개인에 대한 공동체, 특히 국가의 개입 가능성을 열어준다는 점에서 자유주의의 원래 의미와 부합하지 않는다. 그러므로 자유주의의 입장에서는 소극적 자유가 적극적 자유보다 더 본질적이다.

고전적 자유주의를 대표하는 역사적 문헌인 영국의 〈마그나카르타〉의 내용 대부분은 국민들의 재산권이 "관리의 자의적 약탈들"로부터 보호받아야 한다고 주장하는 것이다. 자연권 이론의 대표자 존 로크는 개인들에게 정부 이전에 존재하고 정부에 희생될 수 없는 고유의 권리들, 즉 자기 자신의 생명, 신체 그리고 노동에 대한 소유권(자기 소유권self-ownership)이 있다고 주장했다. 여기서 근대 자본주의의 소유권 개념이 이론적 근거를 가지게 되었다. 자유와 재산의 소유는 처음부터 긴밀하게 연결되어 있었다. 자유주의에 따르면 재산은 모든 사람에게 이익을 준다. 왜냐하면 그것은 더 많은 번영을 가져와 인류 전체에게 이익을 주기 때문이다. 고전적 자유주의자들은 강제를 가급적 축소하기를 원한다. 어떤 사람의 소유권이 정당한 것이려면 재산은 강제 없이 획득되어야 한다고 주장한다. 그 주장에 따르면 노동이나 농업도 경쟁적이고 제약받지 않는 시장에 참여해야 최선의 결과를 얻을 수 있다. 자유무역협정에서 선진국들이 항상 농업 부문 개방을 요구하고 정부와 자본이 노동 유연화를 관철시키려는 것이 바로 이런 이유에서다. 경제적 자유의 보장이 부를 확장시키고 부자들의 부가 아래로 흘러 더 가난한 사람들에게도 도움이 된다는 낙수 이론도 같은 논리를 근거로 삼는다.

또한 정당하게 취득한 재산을 침해하는 행위에 폭력을 사용해 저항하는 것은 정당하다고 주장한다. 이 논리는 더 확장되었다. 유럽의 제국주의자들은 야만인들이 자원이 풍부한 땅을 차지한 것은 인류에게 죄악이라고 했다. 자원을 활용할 문명을 가진 서구인들이 그 땅과 자원을 차지해 개발하면 결국 인류 전체의 부와 번영이 확대되기 때문이다. 식민지의 자연과 사람들을 마음대로 사용할 자유가 인류의 번영을 가져온다는 논리는 자유주의 초기 이론가들이 개발한 것이다. 로크의 이론은 북아메리카 식민지를 침략한 영국 회사의 주주이자 식민행정 담당 관리였던 로크 자신의 재산을 정당화하는 논리였디. 그 논리는 아메리카의 원주민들을 학살하고 그들의 땅을 빼앗고 초원에 넘쳐나던 버팔로를 대량학살할 권리도 정당화했다. 인디언전쟁의 결과 1,600만 명에 달하는 원주민이 사망했고 수백의 원주민 문화와 언어 그리고 북미 지역에서 서식하는 버팔로 90퍼센트가 사라졌다.

한마디로 자유주의는 개인이 자기가 선택하는 대로 자기의 삶을 살 수 있어야 한다고 생각한다. 그런데 이런 생각은 논리적 모순을 낳기도 한다. 진정으로 자유롭기 위해서는 자유를 행사할 힘과 자원이 필요하다. 그것이 보장되지 않으면 자유는 실현될 수 없다. 그래서 소극적 자유를 넘어서는 적극적 자유라는 개념이 발전하는데, 사회주의와 자유주의를 조화시키려 했던 이들은 소극적 자유보다 적극적 자유의 접근법을 선호한다. 더 많은 사회구성원들이 더 많은 적극적 자유를 가져야 한다는 생각은 자유보다 평등을 우선시하게 된다. 프랑스혁명 당시 파리에서는 "파리의 거지들에게는 다리 밑에서 잘 자유가 있다"라는 말이 유행했다고 한다. 파리의 거지들에게 외적 강제로부터 방해받지 않을 자유를 보장한다고 해서 그들이 화려한 주택에 거주할 수 있는 것은 아니다. 그들에게 파리 시민 평균 이상의 구매력을 보장해주어야 다리 밑뿐만 아니라 지붕과 벽이 있는 방에서 잘 자유도 행사할 수 있다. 더 많은 사회구성원들이 자유를 실질적으로 실행할 수단을 적극적으로 보장해주어야 한다는 생각이 적극적 자유라는 개념이다.

인권으로서 사회권을 강조하고 적극적 차별철폐조치 Affirmative Action처럼 사회적 약자에게 인위적으로 혜택을 주는 정책들이 현대에 들어서 볼 수 있는 적극적 자유의 대표적인 사례다. 하이에크가 설명했듯이, 적극적 자유론은 자유 freedom와 힘power을 연결시킨다. 현실에서는 '힘'이 개인의 자유를 결정한다. 자유가 제한되는 것은 자유를 법적으로 허용하지 않기 때문만은 아니다. 자유를 실현할 힘이 부족할 때도 자유는 제한된다.

4. '시장의 자율' 대 '국가의 개입'

자유주의는 경제 문제에서 생산과 교환의 자유, 사람, 재화 및 자본의 자유로운 이동을 지지한다. 사유재산을 옹호하며, 시장이 공급하지 못하는 '공공재public goods'를 제공하는 데 필요한 수준까지만 세금을 부과해야 한다고 본다. 자유주의는 보건, 교육, 복지 같은 사회서비스를 국가가 제공하는 것을 부정적으로 본다. 그러한 서비스는 시장 메커니즘을 통해서 가장 잘 제공된다고 보기 때문이다. 즉 시장에서 수요와 공급이 만나 형성되는 가격이 얼마만큼의 공공재, 사회서비스를 누구에게 제공해야 히는지를 알려준다는 것이다. 자유주의자들은 그것을 '가격의 기적'이라고 부르는데 정말 적절한 용어다. 기적은 현실에서는 거의 일어나지 않기에 기적이다. 그럼에도 자유주의는 시장이 모든 문제를 저절로 해결해준다고 거듭 주장한다. 심지어 경제학자 로널드 코스Ronald Coase는 시장만이 공해 문제들을 해결할 수 있으며, 정부의 개입은 사태를 더 악화시킬 것이라 주장한다. 대기업들에 의해 저질러진 대규모 환경 훼손과 상품화를 위한 자연의 약탈, 지구온난화와 관련된 거짓 정보를 유포시키는 화석연료 독점자본들의 행태를 그는 어떻게 이해할지 의문이다.

빈곤 문제에 대한 자유주의의 해결책은 두 가지다. 하나는 사회 전체의 부가 증대되어 자연스럽게 빈곤층에게도 혜택이 돌아가는 것, 즉 우리가 수없이 들어온 낙수효과다. 다른 하나는 자선, 박애에 의한 부자들의 원조다. 민간 자선단체가 국가 주도의 복지제도보다 우월하기 때문이다. 이 모든 주장들은 계획경제와 복지제도를 반대하는 논리다. 루트비히 폰 미제스Ludwig von mises와 하이에크 같은 오스트리아학파 학자들은 국가통제가 경제적 신호를 왜곡하고 예측 불가능한 결과를 일으킨다고 주장한다. 자유주의는 국가라는 정치적 권력체의 위험을 강조하지만 소수의 손에 집중된 부가 얼마나 불평등하게 큰 힘을 가지는지는 인정하지 않는다. 시장은 절대적으로 평등하다는 환상은 지금도 유포되고 있다. 그렇다면 삼성전자 부회장 이재용과 내가 적어도 시장에서는 대등한 관계를 맺을 수 있다는 것을 믿으라는 말인가?

근대 이후 자유주의를 반대하는 대표적인 이념은 국가주의다. 국가주의는 시장에 대한 국가 개입, 국민들의 삶에 대한 국가 관여의 확대가 국가 밖의 적은 물론 국가 내의 이기적인 개인과 집단으로부터 전체 국민을 보호할 것이라 믿는다. 근대 유럽에서 국가주의는 근대적 민족주의와 만나 더욱 강화되었다. 현대로 올수록 국가의 기능은 다양해졌고 장치는 거대해졌으며 힘은 강력해졌다. 서구의 복지국가, 소련의 중앙집중적 계획경제와 관료집단, 주변부의 발전주의 국가들은 모두 국가주의의 현대적 예들이다. 발전주의 국가들(한국의 박정희 정권도 이 중 하나다)은 급속한 경제 발전을 명분으로 억압적인 정치 체제를 동원했다. 권위적이고 억압적이며 때로는 초헌법적인 통치에 시달린 이들이 신자유주의적인 국가 역할의 축소를 정치적 민주주의의 확대와 동일시하며 국가주의 반대편의 시장만능주의를 쉽게 수용한 것은 이런 맥락에서다.

5. 정치제도

자유주의는 처음부터 법치를 강조하며 등장했다. 왕이

나 봉건영주가 제멋대로 재산을 빼앗거나 세금을 부과하거나 인신을 구속하는 것을 법의 힘으로 막아야 했기 때문이다. 자유주의는 권력자와 국가기구, 그리고 국가기구에 종사하는 관료의 변덕스러운 지배로부터 개인을 보호하기 위한 정치 이념이다. 법치를 안정적으로 보장하기에 가장 적합한 정치제도로 대의 입헌 민주주의가 고안되었다. 자유주의는 대의 입헌 민주주의가 개인들의 이해관계를 정치 영역에서 관철하는 최상의 수단이라고 믿는다. 이런 점에서 자유주의는 사회민주주의자들의 정치적 입장과 일치한다. 공산주의자들은 기존의 정치제도와 장치를 전복시키고 폐지해야 진정한 민주적 사회가 실현될 수 있다고 주장했다. 이에 반해 사회민주주의자들은 기존의 대의민주주의적 질서 안에서 합법적 수단을 통해, 즉 선거로 집권하고 법을 만들고 고치는 방식으로도 사회주의를 실현할 수 있다고 주장했다.

자유주의는 대부분의 사람들이 국가 개입을 옹호하는 이들의 상상보다 더 나은 정보와 지적 능력을 가지고 있다고 믿는다. 따라서 대의민주제를 통해 모인 개인들의 결정의 합은 올바른 것이다. 고전적 자유주의자들은 올바른 선택을 내리기 위해 개인들이 교육되어야 한다고 생각하지 않았다. 그들은 현실에 존재하는 '지적 차이'를 무시하고 있는 그대로의 상태로 최선의 결정을 내릴 수 있으며 더 나아가서 사람들의 신념과 관행을 바꾸도록 설득하는 것은 개인의 자유에 대한 침해라고도 보았다. 현대의 자유주의자들이 자유주의를 확산시키기 위해 쏟아붓는 막대한 자금과 조직적인 노력을 고전적 자유주의자들이 어떻게 설명할지는 알 수 없다.

② 자유주의와 공동체주의를 넘어

마르크스주의는 흔히 공동체주의, 사회주의의 대표자로 여겨진다. 이런 인식은 20세기에 와서 전체주의라는 개념에 의해 더 강화되었다. 제2차 세계대전에서 미국은 파시즘와 싸우기 위해 공산주의 소련과 동맹을 맺어야 했다. 그러나 무기가 불을 뿜던 전쟁이 끝나고 냉전의 시대가 왔다. 이젠 파시즘이 아니라 공산주의의 확산이 자본주의 국가들의 가장 큰 위협이 되었다. 미국 주도의 자본주의 진영은 공산주의가 확산되는 것을 막기 위해 전체주의라는 개념을 채택해 선전했다. 전체주의라는 개념은 극우 정치 이념인 파시즘과 극좌 정치 이념인 마르크스주의, 이 두 극단적으로 반대인 정치 이념을 사실상 같은 것으로 취급했다. 자유주의적 민주주의에 반대했다는 공통점이 있다는 이유로. 자본주의와 그 비판적 대안인 공산주의의 대결 구도를 민주주의와 그것을 위협하는 전체주의라는 구도로 바꾼 것이다. 이 구도 전환은 파시즘에 대한 적개심을 전쟁 기간 동안 동맹국이었던 소련으로 옮겨가게 만드는 데 아주 효과적이었다. 또한 자유주의보다 더 급진적인 민주주의를 주장하며 나치즘과 맞서 싸웠던 공산주의를 반(反)민주주의로 알려지게 만드는 데도 성공했다. 공산주의는 공동체(즉 전체)를 위해 개인(부분)을 희생시키는 억압적 정치 노선의 대표로 악선전되었다.

　　자유주의자들은 지금도 개인의 자유에 대한 일체의 제약을 전체주의라고 비판한다. 물론 독단적 태도로 사회에 개입해 세상을 바꿔보겠다는 이상과 실험은 세상을 지금보다 더 끔찍하게 만들 수도 있다. 그런 시도들은 자유주의자들의 염려대로 인간에게 자신의 삶과 세상을 결정할 자유를 빼앗을 것이다. 20세기를 다룬 역사책에는 히틀러에서 크메르루주까지 그런 사례가 빼곡하다. 이런 역사들에 대한 두려움은 자본주의의 무질서함이 낳은 불평등, 인간소외, 경쟁의 격화, 그리고 무엇보다 대공황과 두 번의 세계대전을 경험하고도 방종한 자본주의의 고삐를 제어하려는, 즉 시장에 개입하려는 인위적 시도를 거부하게 만들었다.

사회주의는 인류를 노예의 길로 이끌 것이고 그래서 자유로운 지옥인 자본주의가 차라리 낫다는 것이 마르크스주의를 비판하는 오랜 논리였다.

　이런 비판은 반은 맞고 반은 틀리다. 마르크스주의는 자본주의의 등장으로 파괴되고 약화되어서 그 구성원들을 보호하는 기능을 상실해버린 사회를 다시 복원하기를 원한다는 점에서 공동체주의다. 하지만 개인과 공동체의 양자택일에서 공동체를 우선시한다는 의미에서의 공동체주의는 아니다. 마르크스주의는 개인과 공동체의 대립이라는 틀 자체를 전복시키는 전략을 택했다. 개인과 공동체를 다른 방식으로 규정하고 개인과 공동체의 관계도 다시 정립하고자 한다. 그런 뒤에 등장하는 사회는 근대 정치의 양축 가운데 하나였던 공동체와는 다른 사회일 것이라고 마르크스는 희망했다. "각자의 자유로운 발전이 모두의 자유로운 발전의 조건이 되는 연합체"라는《공산당 선언》의 잘 알려진 구절이 마르크스주의적 공동체의 이념을 보여준다. 개인과 공동체 중의 하나를 택하라는 요구에 우리가 응할 이유가 없다는 것이다. 지금까지의 대립적인 공동체와 개인의 관계가 변화하려면 개인과 공동체 모두 지금과는 다르게 변화해야 하며, 그 방식은 개인과 공동체가 서로를 상승시키는 것이어야 한다는 게 마르크스의 입장이다.

몇 해 전 체 게바라Che Guevara의 전기 영화가 한국에도 개봉되었다. 그 영화의 제목은 마르크스주의자였던 체 게바라가 새로운 세상이 되기 위해 반드시 필요하다고 주장했던 목표에서 온 것이다. 영화의 제목은 〈체 게바라:뉴맨〉, '새로운 인간'이다. 새로운 인간이 새로운 사회를 만들어나가고 새로운 세상이라는 변화된 조건이 다시 인간을 더 새롭게 만들 것이다. 그래서 개인과 공동체는 더 이상 대립하지 않고 서로를 더 나은 상태로 상승시켜 "각자의 자유로운 발전이 모두의 자유로운 발전의 조건이 되는 연합체"로 나아간다. 이것이 체 게바라가 마르크스에게서 계승한 개인을 보는 새로운 관점이다. 이런 생각의 다른 실천들은 아직도 세계 여러 곳에서 이어지고 있다.

4장. 민주주의와 국가의 두 얼굴

근대 이후 개인과 공동체의 문제는 국가라는 정치 단위를 둘러싸고 전개되었다. 근대인들은 개인이 개인으로서의 자유를 확대하면서도 공동체를 유지하고, 그 공동체를 통해 개인의 이익을 보장받는 정치적 절차를 고민했다. 그리고 그 절차를 고대 그리스에서 빌려온 민주주의라는 이름으로 불렀다. 민주주의란 사회구성원들이 직접 자신들의 이해관계가 걸린 일들을 결정하거나(직접민주주의) 그게 불가능하다면 개인의 의사, 이익을 국가 안에서 다른 개인이나 기구를 통해 원래의 것에 가깝게 다시 실현하는 것, 즉 대의의 방식(대의민주주의)이라고 생각했다. 근대인들은 민주적 국가를 통해 어떤 제약도 없이 자행되던 폭력을 규제하고 감소시킬 것을 기대했다. 하지만 국가가 등장한 이후 인류는 역사상 경험해본 적 없는 대규모의 잔인한 폭력이 국가의 이름으로 행해지는 역설을 경험했다. 오늘날 우리는 여전히 이 전제 위에서 정치적 활동을 한다. 이번 장에서는 국가, 자유주의 국가들의 대표적인 정치제도인 의회민주주의와 폭력의 문제를 다룰 것이다.

① 대의민주주의와 직접민주주의

근대적 국가가 성립하는 과정에서 대중이 새로운 정치의 주체로 등장했다. 그 대중은 전통적인 농민은 물론 신흥 부르주아지(자본가계급)부터 프롤레타리아(노동자계급을 의미하며 실업자도 포함된다)에 룸펜 프롤레타리아(노동 능력을 상실하거나 노동 의지가 없어서 노동시장에서 이탈해 범죄나 사회적 구호에 의존하는 기생적 생활을 하는 최하층 민중을 뜻하며, 누더기를 뜻하는 룸펜lumpen에서 유래한 말이다)까지 다양한 집단들로 이루어졌고 그 범위는 시간이 지날수록 확장되는 경향이 있었다. 그들이 국가를 통제하고 국가를 통해 자신들의 이해관계를 실현하기 위해 의존한 정치적 수단이 대의제 민주주의다. 의회민주주의는 사회구성원들의 의사와 이익을 국가의 의사결정과 실행 과정에서 원래의 것에 가깝게 재현represent하는 대의제 민주주의의 대표적 제도다. 의회민주주의에는 많은 장점과 함께 단점도 있다. 다른 사회구성원들의 의사를 있는 그대로 재현하기로 약속하고 대표자가 된 사람이 애초의 의사를 제대로 재현하지 않거나 못할 위험은 의회민주주의의 치명적 약점이다. 의회민주주의는 이 약점으로 인해 등장하자마자 비판받았다.

대의제에 대한 비판은 급진, 보수 세력 모두에서 제기되었다. 보수주의자들은 대중이 스스로를 통치하는 능력을 믿지 않았다. 보수 세력은 더 나은 가치와 그것의 실현 방법을 아는 소수를 무지한 다수가 선택하는 제도는 사회를 퇴보시킬 것이라는 우려에서 민주주의를 넘어선 정치제도를 선호한다. 대의제조차 불신하는 그들이 보기에 직접민주제는 어리석은 대중의 사회혼란 행위일 뿐이다. 다른 한편 대중이 선출한 대표자 역시 선출되지 않았던 과거의 지배계급 출신이 대부분이기 때문에 하층 대중들의 의사는 여전히 반영되지 못한다는 급진적 비판도 동시에 존재했다. 즉 지배계급은 스스로의 목소리를 내고, 피지배계급은 지배계급의 다른 분파를 통해 대변되면 사회의 다수를 차지하는 하층 대중까지 소수의 지배계급 출신이 대표하는 과잉대표가 발생한다. 과잉대표는 오늘날에도 여전한 문제다.

대의제의 한계는 그 반대편에 있는 직접민주제가 더

민주적인 대안이라는 생각을 낳는다. 역사적으로 직접민주주의는 어떤 지배도 거부하는 아나키스트들이 선호했다. 급진주의자들의 대의제 비판은 대의제적 의회제도가 정치적 의사결정에 하층 대중을 배제하면서 국민 모두의 의사를 반영할 수 없다는 이유에서 제기되었다. 이런 대의제 비판은 근대 국가는 애초에 국민들을 지배의 대상으로 본다는 국가 자체에 대한 비판으로 이어진다. 따라서 아나키스트들이 선호하는 직접민주주의에는 민주주의가 국가제도 내에서는 온전히 실현될 수 없다는 생각이 깔려 있다. 의회민주주의의 한계와 기만에 싫증이 난 이들에게 직접민주주의는 오늘날에도 매력적인 대안이다. 직접민주주의는 매개장치가 없으므로 원칙적으로는 대중의 의사가 있는 그대로 표현되고(국민발의) 관철된다(국민투표). 또 선거만 치르고 나면 배신하는 정치인을 통제할 수단(국민소환)도 확보할 수 있다. 무엇보다 통치하는 자와 통치받는 자가 분리되지 않는다는 점에서 대중의 자기통치라는 민주주의의 근본 의미에 더 부합한다.

직접민주주의가 특성상 대의제 민주주의보다 더 민주적일 가능성은 높지만 모든 경우에 그런 것은 아니다. 직접민주주의는 흔히 지적되는 것처럼 인구가 많고 지역이 넓은 사회에서는 실행하기에 물리적인 한계가 있다. 통신기술의 발달로 그것을 극복할 수 있다는 주장도 있지만 아직까지는 기대와 실험 수준이다. 기술적 한계보다 더 큰 문제는 대중의 양면성이다. 다수의 직접 결정이 항상 정치적 올바름을 보장하는 것은 아니다. 의회민주주의를 대중을 동원해 파괴했던 파시즘의 사례를 기억하자. 또 제도적, 기술적 제약이 없더라도 직접 의사를 표현하고 정치에 참여하는 대중이 어느 정도의 정치적 판단 능력을 균등하게 가지고 있다는 전제에서만 직접민주주의는 더 민주적이다. 지적 능력의 격차 문제가 해결되어야 한다.

대의제든 직접민주제든 구체적인 역사적 조건 속에서 그 의미가 결정된다. 의회민주주의는 근대의 서유럽과 북미에서 자본주의의 발전과 서로 영향을 주고받으며 나타났던 민주주의의 역사적 한 형태다. 역사적 산물인 의회민주주의를 민주주의 전체로 보면 문제가 발생한다. 의회민주주의가 아닌 다른 민주주의, 각 사회 각 시기의 구체적인 상황에 맞는 더 민주적인 정치를 생각할 수 없게 된다. 직접민주주의도 마찬가지다. 민주주의 문제에서도 대의민주제와 직접민주제의 양자택일의 구도는 비현실적인 접근 태도다. 순수한 형태의 제도는 교과서 속에만 존재한다. 마르크스주의의 입장에서는 대의민주주의와 직접민주주의 중에 어느 것이 우월하냐는 물음은 공허한 관념론이다. 두 제도 모두 제도 자체의 장단점은 물론 있다. 하지만 진짜로 민주주의를 실현하기 위해서는 제도가 실현되는 사회적 관계나 인간 주체의 구체적 조건을 고려해야 한다. 대의민주주의와 직접민주주의의 의미는 그 과정의 구체적 맥락 안에서 결정될 것이다.

② 지배와 관리라는 국가의 두 얼굴

민주주의의 역사는 새롭게 형성되던 근대 국가를 무대로 대중의 뜻이 관철되는 정도와 방식을 둘러싼 정치적 투쟁의 과정이었다. 그래서 민주주의의 문제는 국가의 성격과 기능의 영향을 받는다. 국가의 기능은 흔히 관리와 지배 두 가지라고 여겨졌다. 무엇을 강조하느냐에 따라 국가의 성격이 달라진다. 공동체가 해결해야 할 일을 가치중립적이고 실용적인 입장에서 처리하는 도구가 국가라는 시각은 국가의 관리 기능을 강조한 것이다. 국가의 지배 기능에 주목하는 관점에서는 갈등하는 사회집단들 사이에서 더 힘센 집단이 자신들의 우위를 유지하기 위한 수단이 국가라고 본다.

국가의 관리 기능을 강조하는 관점에서 보자면 민주

주의는 국가 내부에서 실현될 수 있고, 또는 중립적 장치인 국가가 국민의 이익을 위해 더 잘 작동할 수 있게 하는 역할도 한다. 의회가 국가 전체 혹은 행정부를 충분히 통제해서 국민의 의사를 반영할 수 있다고 보기 때문이다. 반면에 국가가 갈등하는 사회집단 사이에서 더 강력한 집단이 약소한 집단을 지배하는 수단이고 그 방식이 억압적이라면 피지배 집단의 입장에서 민주주의는 국가 내부에서 실현될 수 없다. 민주주의는 국가와 양립 불가능하고 진정한 민주주의는 국가를 넘어서야 가능하다. 근대 국가의 대표적인 민주주의의 방식인 의회민주주의는 두번째 관점을 가진 이들로부터 계급지배의 유지를 위한 정치적 기만 절차에 불과하다는 비판을 받았다. 동시에 더 높은 이상의 추구를 가로막는 세속적 장애물이라는 보수주의로부터의 비난도 받아야 했다. 앞의 비판은 아나키즘과 마르크스주의에서, 뒤의 비판은 파시즘에서 나왔다. 극좌와 극우는 의회민주주의를 반대한다는 점에서는 의견이 일치한다. 국가를 중립적 도구라고 보고 의회민주주의를 민주주의의 최선으로 생각하는 관점에서 보자면 아나키즘과 마르크스주의, 심지어 파시즘도 별로 다르지 않다. 그것들은 모두 민주주의를 위협하는 독재나 테러에 불과하다.

아나키스트와 마르크스주의자 사이에는 국가 문제에

대한 심각한 의견 불일치가 오랫동안 존재했다. 아나키스트들은 국가가 계급지배의 수단이라는 점에서는 마르크스주의와 의견이 일치하지만 계급갈등을 근본 문제로 보는 마르크스주의자들과는 달리 국가 자체가 민주주의의 장애물이라고 주장한다. 그래서 국가를 먼저 해체하면 지배와 피지배도 사라질 것이라고 본다.

마르크스주의자들은 계급투쟁이라는 사회적 갈등이 계급 사회의 본질적 성격이기에 국가 역시 계급적 성격을 가지게 된다는 입장이다. 그러나 19세기 말부터 급부상한 의회민주주의가 프롤레타리아의 힘든 현실을 개선하고 궁극적인 해방에 전술적으로 도움이 된다면 기꺼이 받아들여 활용하려 했다. 마르크스주의 운동은 노동자가 의회에 진출하고 노동자를 보호하는 입법을 하는 등의 이른바 의회 전술을 적극적으로 사용했다. 이런 태도와 함께 당의 지도적 역할, 혁명 이행기의 프롤레타리아 독재(자본주의에서 사회주의로 가는 과도기에는 기존 국가제도와 기능의 일부는 아직 남아 있어야 한다는 것), 혁명 이후 사회주의 사회에서 국가 역할의 확대 등은 아나키스트들이 보기에는 마르크스주의가 국가주의에 지나지 않는 증거였다. 마르크스주의의 계승자인 사회민주주의와 스탈린주의는 전자가 의회민주주의를 수용해 자유주의로 수렴되었고 후자는 권위적인 방식에 의존했다는 비판을 받는다는 차이가 있지만, 둘 다 거대하고 관료적인 국가기구에 의존한 것도 사실이다.

　이론적으로 보자면 아나키즘과 마르크스주의는 사람의 사람에 대한 통치를 반대한다는 점에서는 동의하지만 사람의 사물에 대한 관리 문제에서 의견이 갈린다. 관리해야 하는 사물이 자본주의의 거대한 생산력을 계승하는 것이라면 사물에 대한 관리 역시 그에 맞는 규모와 형태를 가져야 한다. 마르크스주의자들은 대규모 생산력에 대한 관리가 반드시 사람 간의 지배관계를 낳지는 않는다고 본다. 사람의 사람에 대한 지배는 계급 사회를 만드는 자본주의적 의미의 정치이기에 폐지하고 사물에 대한 사람의 관리만 남는 사회를 지향한다. 반면에 아나키스트들은 대규모 생산력은 필연적으로 사람의 사람에 대한 지배를 낳는다고 본다. 그래서 그들은 소규모의 자급자족적 공동체에 적합하게 경제의 규모와 운용 방식을 전환하려 한다. 마르크스주의와 아나키즘의 갈등은 정치적 관점뿐만 아니라 미래 사회의 경제적 성격에 대한 생각이 다르기 때문에 생긴다. 반자본주의라는 공통점을 강조하면 이 차이가 가려질 수도 있다.

　현실에 존재한 국가의 성격은 다양했고 역사적 과정 속에서 극적으로 변화했다. 자국의 자본가를 위해 노동자를 탄압하고 식민지를 점령하고 제국주의 전쟁을 일으킨 것이 선진 자본주의 국가였다. 동시에 자본가와 노동자의 갈등을 중재하고 복지제도를 운영한 주체도 국가였다. 후발 자본주의 지역에서 국가는 생산력의 급속한 발전을 주도했다. 그 과정에서 민중들을 동원하고 교육시키고 통제한 것 역시 국가의 중요한 역할이었다. 국민들을 전쟁터로 끌고 가는 것도, 전쟁에서 살아돌아온 이들에게 연금을 주는 것도 국가의 역할이다(앞의 일에는 적극적이고 뒤의 일에는 어느 국가나 소극적이라는 점에 주목하자. 이 비대칭이 국가의 본질을 보여줄지도 모른다). 오늘날도 자유무역협정이라는 이름으로 관철되는 독점자본의 이익은 소속 국가의 강력한 힘에 의지하고 있으며 반대편에 있는 약소국 민중들은 그나마 국가에게 마지막 보호막을 기대한다. 대규모 전염병과 재난으로부터 국민을 보호하는 기능을 수행한다고 적어도 명목상으로는 주장하고 특히 신자유주의 시대 이후 시장만능의 광풍과 강대국의 자유무역 공세에 맞서 사회의 공적 성격을 그나마 지켜줄 수 있는 마지막 장치로 인식되기도 한다. 그 희망은 대개의 경우 실망, 좌절, 분노로 끝나지만 말이다. 이 모든 것이 국가의 기능이다.

국가의 성격과 기능이 이렇게 가변적이고 다양하기 때문에 마르크스주의는 어떤 국면에서는 아나키즘과 함께 국가를 해체하고자 하며 어떤 국면에서는 국가에 우호적이다. 국가권력의 억압적 사용과 침략전쟁 앞에서는 국가와 맞서며 자본의 전횡과 공공성의 훼손을 막기 위해 국가 역할의 확대를 주장하기도 한다. 원칙적으로는 계급 사회에서 정치와 국가가 지배계급의 수단이라 보지만, 그 국가가 실제로 어떠한 효과를 발휘하는지는 국면마다 다르다고 본다. 국가를 절대악 혹은 절대선으로 보거나 아니면 가치중립적 도구에 불과하다고 보는 관점을 벗어나야 한다는 게 마르크스주의의 국가관의 출발점이다.

③ 폭력을 다시 생각하기

마르크스는 왜 국가를 지배계급의 통치수단으로 규정했을까? 인간이 집단생활을 했던 초기부터 오랫동안 사회는 평등했다고 알려져 있다. 그 사회 안에서 지배하는 계급과 지배당하는 계급의 분리가 발생하면서 지배계급은 자신의 지위를 유지하기 위한 수단이 필요해진다. 사회 바깥에 물리적 폭력을 행사하는 장치가 만들어진다. 이것이 마르크스가 당대의 역사학, 인류학의 성과에 근거해 생각한 국가의 기원이다. 사회가 적대적 계급관계로 이루어진다면 그 계급질서를 유지하기 위해 사용하는 수단인 국가는 당연히 계급적이다.

근대 이후 성립된 국가들은 실제로 누구의 이익에 봉사하는지에 상관없이 스스로를 중립적이라고 선언했다. 국가는 명목상으로는 모든 국민과 대등한 관계를 맺는다. 국가가 중립적이라면 국가의 기능은 지배가 아니라 국민의 안전 보장과 복리후생이다. 국가가 국가 내부에서 수행하는 일상적 기능은 이전 시대보다는 폭력적이지 않다. 또 이런 근대 국가는 폭력을 독점한다. 폭력은 전쟁이나 형벌처럼 예외적인 경우에 국가가 관장하는 합법적 절차를 통해서만 사용되어야 한다. 그 외의 모든 폭력은 불법이다. 국가가 이른바 합법적 절차에 의해 수행하는 폭력은, 심지어 전쟁이나 대량학살처럼 극단적인 물리적 폭력을 수반해도 폭력이 아니라고 여겨진다. 인류 역사상 가장 크고 잔인한 폭력이었던 두 번의 세계대전 전 과정은 국가가 부여한 임무를 수행한 것이었다. 원자폭탄을 투하해 수십만 명의 사람을 죽인 행위의 책임자가 술에 취해 누군가의 뺨을 때렸다면 그는 수십만 명을 죽인 죄가 아니라 후자의 행위로 처벌받았을 것이다. 물리적 폭력이라도 합법성을 획득하면 폭력이 아니게 된다. 반대로 국가가 강제하는 기존의 질서를 넘어서는 행위는 낙서와 농담만으로 처벌받기도 한다.

폭력과 비폭력의 경계는 불법과 합법의 경계와 겹쳐진다. 기존의 질서 자체를 무너뜨리는 행위는 가장 큰 폭력으로 여겨진다.

오랫동안 비폭력적 자유민주주의를 위협하는 호전적이고 폭력적인 노선으로 공격받아온 마르크스주의는 특히 폭력 문제에 대해 많은 것을 해명해야 한다. 마르크스주의자들에게 폭력은 과도함으로 인해 나타나는 위반이다. 기존 사회의 모순이 더 이상 기존 사회 안에서 억압되거나 해결되거나 완화될 수 없을 지경까지 왔을 때, 모순은 사회체제라는 테두리를 넘어선다. 이런 사회적 변화를 혁명이라고 부른다. 마르크스주의에서 혁명은 위반이라는 광의의 폭력 개념과 거의 같은 의미다. 혁명 과정에 물리적 폭력이 수반될 가능성이 높지만 물리적 폭력 유무가 본질이 아니라 기존의 질서를 근본적으로 넘어서느냐 그렇지 않은가가 핵심이다. 이런 입장에서 국가가 폭력을 독점하는 이유는 기존의 합법적 질서를 유지하기 위해서다. 기존의 체제가 폭력을 독점하고 폭력 개념의 해석까지 독점하면서 기존 체제를 넘어서려는 모든 노력은 폭력으로 규정된다. 기존 체제가 자의적으로 정의한 폭력의 정의를 받아들이면 사회의 근본적 변화도 포기해야 한다. 그러나 모든 종류의 폭력이 사회를 더 나은 것으로 변화시키는 데 도움이 되는 것은 분명 아니다. 모든 위반이 기존의 세상에 대한 저항으로 정당화될 수 있다는 태도는 비현실적 환상이다.

폭력을 둘러싼 심각한 오해는 이것 말고도 많다. 우리는 흔히 점진적인 개혁은 비폭력적이고, 급진적이고 근본적인 혁명은 많은 물리적 폭력과 혼란을 일으킨다고 생각한다. 그러나 역사적으로 이런 통념은 사실이 아니다. 소작료를 조금 올리거나 내리기 위해 많은 목숨이 희생된 사회에서 전면적인 토지개혁이 평화적으로 시행되기도 했고, 어떤 근본적인 변화도 일어나지 않지만 왕관을 쓴 사람 하나를 바꾸기 위해 피비린내 나는 전쟁이 일어나기도 했다. 근대 유럽 사회가 선거권의 적용 범위를 넓히기 위해 흘린 피는 러시아 10월혁명에서 흐른 피의 수백 배는 쉽게 넘을 것이다.

자신 이외에는 어떤 폭력도 금지하는 모든 기성의 체제는 실은 이전의 체제를 폭력적으로 전복시키고 만들어졌다. 민주주의 선진국 영국과 미국의 현 체제는 수백 년간의 오랜 폭력적 갈등과 아메리카 원주민에 대한 대량학살 그리고 무엇보다 제국주의적 침략을 딛고 두 발로 서기 시작했다는 걸 기억해야 한다. 폭력이란 말을 물리적 폭력으로 협소하게 사용하는 것도 오해의 중요한 원인이다. 폭력을 신체에 가해지는 물리적 폭력으로 협소화하면 비물질적 폭력에 오히려 면죄부를 줄 수도 있다. 통제와 억압과 규율화가 아무리 가혹하더라도 물리적 힘의 행사만 없으면 용인된다. 폭력 개념에 대한 오해는 우리 시대에 만연한 폭력으로부터 벗어나 좀더 안전하고 평화로운 사회로 나아가는 것을 가로막는 장애물이다.

5장. 경제는 인간의 삶에 얼마나 중요한가

① 토대와 상부구조

마르크스는 인간 사회를 이해하기 위해 경제적 조건에 주목했다. 앞서 그의 인간관과 노동관에서도 보았듯이 인간이 생존을 유지하고 그를 위해 생산하는 과정, 즉 경제 활동이 인간을 인간이게끔 해준 것이기 때문이다. 오늘날 인간의 삶도 그 점에서는 변하지 않았다. 오히려 자본주의 사회는 인류 역사의 어떤 시기보다도 경제가 사회와 인간의 삶을 강력하게 지배한다. 마르크스는 전체 사회에서 경제의 역할과 다른 영역과의 관계를 건축물에 빗대어 설명한다. 건축물이 무너지지 않으려면 토대, 즉 기초가 있어야 한다. 인간 사회가 건축물이라면 경제는 그 기초 같은 역할을 한다는 말이다. 수십 층의 고층 건물을 지으려면 튼튼한 토대가 있어야 한다. 토대가 없다면 그 위에 세워지는 건축물도 없다. 정치, 종교, 문화에 이르는 경제 외의 여러 활동을 역시 건축물에 빗대어 상부구조라고 부른다. 사회의 경제적 구조가 토대를 이루며, 그 위에 법률, 국가, 정치조직과 같은 '사회제도'의 영역과 종교, 철학, 도덕과 같은 '사회적 의식'의 영역이 들어선다.

중요한 것은 토대와 상부구조의 관계다. 마르크스는 사회제도와 사회적 의식이 경제적 토대에 의해 규정된다고 말한다. 또 다른 곳에서는 상부구조가 상대적으로 자율적이라고도 말한다. 그 의미는 무엇일까? 여러 사회제도와 문화 현상들은 자기 나름의 특성을 가지고 작동한다. 그러나 인간의 정치적, 법적, 문화적 활동들이 아무리 자립적이라고 하더라도 이런 활동이 가능하려면 인간은 육체적 생존을 유지하고, 집단을 이뤄야 한다. 법관은 공평무사하기 위해서라도 급여를 받아야 하고 정치인들은 정치 활동을 위해 쉽게 부정한 돈의 유혹에 빠진다. 조각가도 돌을 다듬을 근력을 유지하려면 밥은 먹어야 한다. 인간이 육체적 생존을 유지하고 이를 위해 필요한 것들을 생산하고 분배하며 자식을 낳아 다시 사회구성원이 기능을 할 수 있게 양육하는(재생산) 행위의 총합이 경제다. 경제라는 토대는 상부구조의 외적 한계를 이룬다. 즉 경제 활동을 하지 않으면 다른 활동도 불가능하다는 말이다. 상부구조에 해당하는 어떤 활동도 경제라는 기초 위에서만 가능하다. 경제가 토대가 된다고 말하는 것과 사회의 모든 현상을 경제만으로 설명할 수 있다고 말하는 것은 엄연히 다르다. 토대는 그 위에 다른 구조물이 서 있도록 받쳐주는 역할을 한다. 건물에 상가, 주택, 문화시설, 종교시설이 들어가려면 맨 밑에 기초가 있어야 한다. 그러나 기초가 건물의 평면과 용도와 입주자들의 행동을 모두 결정하지는 않는다. 하지만 건물의 크기나 모양에 따라 입주자들의 업종과 영업 방식과 채워 넣을 가구의 크기가 상당한 영향을 받는 것도 분명하다.

냉정하고 솔직하게 말해보자. 오늘날의 자본주의 사회가 작동하는 모습을 살펴보면 경제가 모든 부문에서 결정적인 역할을 한다는 것을 부정할 수 없다. 자본가들은 이윤이라는 관점에서 모든 것을 결정한다. 우리 사회의 모든 것이 경제적 가치를 획득하기 위해 모양과 기능을 바꾸도록 강요받고 있다. 경제가 상부구조의 토대라고 말하는 것은 자본주의 사회의 냉혹한 현실을 묘사한다는 의미도 있다. 종교 지도자나 저명한 예술가가 현대 사회의 배금주의를 비판할 때 동의하지 않는 이들은 없다. 그런데 똑같은 말을 마르크스주의자가 하면 그 말을 듣고 갑자기 상부구조의 자율성을 강조하며 정신주의자가 되는 이들이 많다. 경제가 사회의 토대이며 더 나아가 인간의 삶을 지배한다는 마르크스주의의 명제는 그래야 한다는 당위의 명제가 아니라 자본주의 사회의 현실에 대한 진단이기도 하다. 우리 삶의 다양성과 자율성은 그런 현실을 인식하고 현실의 조건들을 바꾸려 실천할 때만 얻을 수 있다.

② 생산력, 생산관계, 생산양식, 그리고 계급

토대라는 비유적 표현의 정확한 개념은 생산양식이다. 생산양식은 생산력과 생산관계라는 두 개념의 종합이다. 생산력은 한 사회가 가진 부 모두를 의미한다. 물질적 생산물, 생산수단, 그리고 생산을 가능하게 하는 주체들의 유무형의 능력(근력, 지식, 기술, 노하우 등)이 모두 생산력 개념에 포함된다. 생산관계는 생산을 둘러싼 인간들의 사회적 관계로, 생산과 생산물의 분배를 위해 인간들이 어떤 관계를 맺는가를 뜻한다. 산업 사회를 예로 들면 산출되는 생산물, 공장, 생산에 필요한 기계, 제조기술과 노동자들의 노동력 등의 합이 생산력이다. 공장과 기계를 누가 소유하고 작업은 누가 하며, 공장 소유주와 노동자 사이에 생산물은 어떻게 분배하는지 등의 사회적 관계 그리고 그것이 안정적으로 작동하기 위한 제도나 관행 등을 모두 생산관계라고 한다. 이 둘을 합쳐 한 사회의 경제 활동 모두를 설명하는 개념이 생산양식이다. '사회적 관계'에서 '사회적'이라는 말은 생산이 어떤 조건에서 어떤 방법으로 그리고 어떤 목적을 갖고 이루어지든 다수 개인들의 협업으로 이루어진다는 의미다. 그래서 특정한 생산양식 또는 산업적 단계들은 항상 특정한 협업양식 또는 각 사회적 단계와 결합한다. 그리고 이러한 협업양식은 그 자체가 하나의 생산력이다.

마르크스는 어떤 사회의 성격을 가장 잘 보여주는 것은 그 사회의 생산양식이라고 보았다. 그래서 생산양식을 시대를 구분하고 사회를 분류하는 기준으로 사용했다. 사회를 분류하는 기준으로서의 생산양식은 한 사회의 지배적 생산양식을 두고 하는 말이다. 하나의 생산양식만이 순수하게 존재하는 사회는 없다. 어떤 사회나 여러 생산양식의 특징들이 뒤섞여 있지 개념 그대로의 순수한 형태로 존재하는 생산양식은 없기 때문이다. 지배적 생산양식이란 그 사회에서 가장 큰 비중의 잉여생산물을 착취하는 생산양식이다. 어떤 나라에 자본주의적 산업과 봉건적 소작농이 공존하더라도 산업에서 발생하는 잉여생산물의 비중이 봉건적 농업에서 발생한 것보다 훨씬 크다면 그 나라를 농업 사회라고 부르지 않고 자본주의 사회라고 부른다는 말이다. 인류의 역사에서 사회의 근본적인 변화는 한 생산양식이 다른 생산양식으로 바뀌면서 일어난다.

물질적 재화의 생산은 어떤 사회에서도 반드시 일정한 생산관계에서 이루어진다. 개인들은 생산과정에서 소유관계를 비롯한 다양한 생산관계를 맺는다. 생산수단을 소유한 자본가는 노동자와 계약을 맺고 노동자는 자본가의 통제를 받으며 다른 노동자와 함께 일한 대가로 임금을 받는다. 자본가는 생산물을 판매해야 이윤을 실현할 수 있다. 자본가, 노동자, 상인 모두 임금과 가격을 둘러싸고 갈등과 타협을 반복해야 한다. 즉 생산수단의 소유나 생산물의 분배를 둘러싸고 개인들 사이에 대립과 갈등이 발생한다. 소유관계나 분배관계와 같은 생산관계에서 개인들이 차지하는 위치나 이해관계에 따라서 '계급' 그리고 '계급관계'가 형성된다.

농업 사회를 예로 들자면 땅, 농기구, 가축 등을 누가 소유하는지 그리고 수확물을 누가 얼마나 가져가는지에 따라 사회구성원들이 나뉜다. 땅과 농기를 소유한 지주와 농사지을 노동력만을 가진 소작농은 서로를 필요로 한다. 두 계급이 만나야 농작물이 생산된다. 자본주의 이전 사회에서는 계급관계가 혈통, 종교, 직업 등의 이유로 나뉜 것으로 포장했지만 그 본질은 경제적 관계다. 귀족과 성직자는 땅을 가졌기에 농민들을 지배할 수 있었다. 자본주의 사회는 공장과 기계 등의 생산수단을 소유한 자본가와 생산수단을 가지지 못한 노동자가 평등한 지위에서 계약관계를 맺음으로써 생산이 이루어진다고 선전한다. 그러나 마르크스는 자본주의 이전 사회에서나 자본주의 사회에서나 계급관계는 억압과 착취의 관계라고 본다. 겉으로는 조화로울 때도 있고 갈등이 격해질 때도 있지만 본질은 착취이고 그 착취를 유지하기 위해 억압이 사용된다. 다시 말해 모든 계급 사회에서는 그 사회를 유지하고 재생산하는 데 필요한 재화의 생산과 분배가 착취하는 지배계급과 착취당하는 피지배계급이 맺는 관계 안에서 이루어진다는 말이다.

오늘날 우리가 사는 사회를 자본주의 사회라고 부르는 것은 자본주의적 생산양식이 지배적이라는 의미다. 자본주의적 생산양식은 자본가계급이 생산수단을 사적으로 소유하고 임금노동자를 고용해 생산한 생산물을 시장을 통해 유통하는 체제다. 따라서 자본주의 사회는 자본가와 임금노동자라는 계급관계로 구성된 시장경제 체제다. 임금노동자는 생산수단이 없기 때문에 노동력을 자본가에게 팔아야만 살아갈 수 있는 존재다. 자본주의 생산양식의 역사적 특징은 사회를 구성하는 계급들이 형식적으로는 평등한 관계에 있다는 점이다. 모든 구성원들은 정치적, 법적으로는 평등하다. 그러나 경제적 관계에서는 착취가 발생한다. 자본가는 노동자를 합법적이고 대등한 계약의 방식으로 착취한다. 생산수단을 소유한 자본가는 생산과정에서 노동자의 노동에 의해 생겨난 가치의 일부만을 노동자에게 임금의 형태로 주고 나머지를 합법적으로 가진다. 자본주의 발생기를 주도했던 상업자본가는 상품유통을 업으로 한다. 자본주의 전성기의 주역이었던 산업자본가는 생산에 직접 관여한다. 오늘날의 자본주의 사회에서 그 힘이 더욱 강력해진 금융자본가는 전통적인 돈놀이 외에도 각종의 투기를 통해 부를 늘리고 있다. 하는 일은 다르지만 이 자본가들이 가져가는 이윤은 임금노동자가 생산과정에서 생산한 가치에서 임금과 다른 비용을 제하고 남은 것이다. 그것을 나누어 가진다.

이처럼 자본주의 사회에서 생산을 둘러싼 사회적 소유관계는 그 자체로 잉여를 착취하고 분배하는 관계다. 착취는 자본주의에서는 발생하기도 하고 발생하지 않기도 하는 우연한 일이 아니라 생산과정에서 항상 반드시 발생한다. 마르크스는 잉여가치의 발견을 통해 자본주의 사회의 계급적 본질을 과학적으로 밝혀냈다고 자부했다. 자본주의 생산양식에서 착취는 본질적이므로 계급갈등과 계급투쟁은 이미 존재하는 것이다. 상황에 따라 격화되기도 약화되기도 하지만 투쟁은 자본가들의 착취로 이미 시작되었다. 착취는 착취하는 자(자본가)가 착취당하는 자(노동자)를 상대로 적극적인 적대적 행위를 하기에 발생한다. 따라서 자본주의 사회에서는 노동운동이 존재하지 않을 수 없다.

계급 사회의 사회구성체는 적대적 계급관계로 구성되어 있기 때문에 여기에는 계급갈등과 계급투쟁이 있을 수밖에 없다. 계급은 본질적으로 적대적이며, 가시적인 투쟁의 형태가 등장하기 이전에 이미 존재한다. 노동자들이 계급투쟁을 하기도 하고 안 하기도 한다고 오해하는 경우가 많다. 노동자가 저항을 시작해야 계급투쟁이 발생하고, 평화롭게 저항 없이 지내면 계급투쟁을 하지 않는다고 생각하는 것은 착각이다. 계급투쟁은 생산과정에서 착취라는 방식으로 이미 자본가계급에 의해 시작된 것이다. 합법적 계약이라는 겉모습에 가려진 억압적이지 않은 착취를 계급투쟁으로 생각하지 않는 것은 착취에 대한 오해다. 착취 자체가 자본가계급이 시작한 계급투쟁이다. 착취에 맞서는 노동자계급의 대항만을 계급투쟁이라고 여기면 계급투쟁이 자본주의 사회의 본질적 조건이라는 것을 보지 못하게 된다.

하나의 생산양식만이 순수하게 존재하는 사회는 없

다. 따라서 계급들도 확고한 정체성을 가지고 다른 계급들과 분명하게 구분되지 않는 경우가 있다. 인도에 불가촉천민 출신의 대자본가가 존재하는 것처럼 여러 경제적, 사회적 조건들은 복합적으로 계급관계를 규정한다. 그러나 경제적 관계, 생산과정에서 생산수단의 소유와 통제를 둘러싼 관계들 다음으로는 생산물의 분배를 둘러싼 관계가 계급관계에서 가장 본질적이라는 것은 분명하다. 자본가들은 노동자계급보다 더 분명하게 적대적 계급관계를 인식한다. 자본가에게는 생산수단의 소유권과 생산과정에서 발생하는 가치를 착취할 권리를 보장해줄 장치가 필요하다. 그것이 근대 국가다. 국가가 자본주의적 사적 소유를 보장하기 때문에 자본주의 사회의 또 다른 측면인 자본주의적 시장경제 체제가 가능하게 된다.

6장. 인간과 자연 관계의 균열

① 생태의 위기

산업혁명 이후 제조업 중심의 산업 발전은 자연에 전 지구적 영향을 미쳤다. 산업혁명으로 줄어든 농지로 늘어난 도시 인구를 먹여 살리기 위해 농지의 지력은 고갈되었다. 그것을 보충하기 위해 백년전쟁 사망자들의 버려진 인골을 비료로 사용했고 남미의 새똥 퇴적물인 구아노까지 수입했다. 이로 인해 구아노 수출국 페루가 경제적 급변동과 전쟁까지 겪은 일은 마르크스도 언급한 잘 알려진 사례다. 퇴비가 부족했던 농촌과는 반대로 인구가 급증한 대도시는 배설물을 감당하지 못해 길거리와 하천에 오물이 넘쳐났다. 하나로 이어져 있던 농촌과 도시가 분리된 것이다.

20세기를 지나면서 생태적 위기의 세계적 확산, 특히 자본주의 중심부에서 주변부로의 전가는 전 세계적인 현상이 되었다. 선진국은 주변부의 부패한 정치인을 매수해 산업폐기물을 주변부 국가들에 내다버렸고, 핵폐기물까지 포함된 규모조차 알 수 없는 오염물을 깊은 바닷속에 함부로 투척했다. 신자유주의 시대 이후에도 큰 틀은 그대로다. 공해를 유발하는 산업시설들은 주변부로 이전되었다. 값싼 노동력은 풍부하지만 환경규제는 거의 없는 국가들이다. 그리고 뒤에 가서는 그 국가들에게 환경오염의 책임을 추궁한다. 일자리가 사라진 중심부 국가의 노동자들은 복지국가 시기와는 비할 수 없이 불안정해진 고용과 낮아진 임금으로 살아가기 위해 소비재를 값싸게 파는 월마트가 필요했고, 월마트는 소비재의 낮은 가격을 유지하기 위해 중국 노동자들의 값싼 인건비가 필요했다. 그렇게 중국은 세계의 공장이 되었고 그 공장에 전력을 공급할 수많은 화력발전소와 원자력 발전소가 건설되고 있다. 한국은 미세먼지와 핵발전 사고 위험 앞에 고스란히 노출되어 있다. 한국은 수많은 공해 유발 시설을 중국으로 이전시킨 국가들 중 하나이며 지금도 세계의 다른 어딘가로 이 고통을 전가한다.

온실가스를 가장 적게 배출해온 니라 중 하나인 봉골은 기후변화로 피해를 가장 크게 겪는 나라다. 온난화로 초원이 사막이 되었고 유목민들은 생업을 잃고 도시 빈민으로 전락했다. 이들은 쓰레기를 태워야 겨울에 살아남을 수 있다. 사막의 모래바람은 쓰레기를 태워 배출된 오염물질이 섞인 황사를 한반도로 날려보낸다. 미세먼지로 고통받는 사람들은 중국을 비난하지만 오늘날 세계의 산업 분포가 나타난 맥락에는 무관심하다. 그런 무관심 덕분에 가장 이익을 보는 것은 200년 이상 공해 유발 산업으로 부를 축적하고 이제는 그 산업을 주변부로 이전시켜버린 선진국이다. 서구 선진국의 대기업들이 인간 노동을 착취하거나 귀중한 자연자원을 독점하는 일은 한두 세기 전 제국주의 초창기의 지나간 과거가 아니다.

생태 위기는 세계적이며 동시에 위계적이다. 전 세계 인구의 5퍼센트인 미국인들이 전 세계 에너지의 4분의 1을 소비한다. 전 세계 인구 중 가장 가난한 10퍼센트가 전 세계의 재화 중 0.5퍼센트만을 소비하고, 가장 부유한 1퍼센트는 59퍼센트를 소비한다. 1인당 에너지 사용량 상위 5개국은 미국, 러시아, 프랑스, 독일, 일본이다. 또 온실가스 배출 상위 3개국은 미국, 유럽연합, 중국 순서다. 그런데 미국은 부시 정권부터 트럼프 정권까지 수십 년간 기후변화를 막기 위한 최소한의 국제적 노력마저도 거부해왔다. 교토의정서부터 더반 유엔기후변화협약까지 미국은 유럽과 결탁 혹은 갈등하면서 효과적인 기후협정을 체결하려는 소위 개발도상국들의 노력을 무산시키려 했다. 이 협정들에서 개발도상국들은 탄소 배출량을 줄이기 위해 선진국들이 기술 이전과 금융 지원을 제공해야 한다고 주장했다.

상황의 심각함에 비해 개선하려는 대응은 무력하기만 하다. 전 세계적인 기후변화는 없다고 생각하거나 인간의 힘으로는 전 세계적인 기후변화 추세를 돌이킬 수 없다고 생각하는 정치 지도자와 대기업, 그리고 그들을 정당화하기 위해 사이비 과학 정보를 조직적으로 유포하는 '기후 회의론자'가 판을 친다. '지속가능한 개발'이나 '탄소 기반 개발' 등 생태친화적 대안들은 실제로는 인간과 자연을 더 많이 착취해 성장률을 높이겠다는 자본의 이윤추구 수단으로 전락하고 있다. 생태 위기의 심각성을 인정하는 국가 지도자들과 대기업들도 보통은 기술을 활용한 해결책을 선호한다. 한국에서도 '녹색 자본주의', '녹색성장'이 기껏 나온 대안이다. 신재생에너지 같은 신기술이 아무 효과가 없다는 말이 아니다. 하지만 그 기술들의 최우선 목적이 이윤추구라면, 생태적 가치를 우선하는 사회는 실현될 가능성이 없다는 게 문제다.

이 책에서는 구체적인 생태 문제보다는 생태 위기의 배후에 놓인 철학적 전제를 검토해보려 한다. 인간중심주의가 생태 위기의 사상적 원인이며 그 반대편에 있는 자연중심주의가 대안이라는 생각이 널리 퍼져 있다. 과연 그런가?

② 생태 위기에 대한 이원론적 접근: 인간중심주의와 자연중심주의

마르크스주의 관점의 생태학자들이 첫번째로 지적하는 생태 위기의 철학적 원인은 인간과 자연을 이원론적으로 보는 세계관이다. 이는 생태주의자들이 근대 서구의 자연과학과 산업의 세계관이라고 이미 비판해온 것이고 마르크스주의도 그 비판에 동의한다. 이원론은 인간과 자연을 전혀 다른 실체로 보는 입장이다. 인간과 자연을 떼어 놓고 설명하는 이원론은 인간의 반대편에 자연을 놓고 두 항에 다른 관념들을 계속 더해 나간다. 인간중심, 근대 사회, 문명, 물질주의, 남성, 서양 등이 한 계열을 이루고 그 반대편에 자연중심, 전통 사회, 원시, 영성(정신)주의, 여성, 동양의 계열이 배치된다. 앞의 계열의 특징은 개별성, 능동성, 욕망, 과도함, 파괴적이고 폭력적인 성격이고, 그 반대편 계열의 특징은 연결(망, 네트워크), 수동성, 절제와 평화로운 공존이다. 여기에 얼마든지 다른 특징을 덧붙일 수도 있다. 일부 생태주의는 두 계열에 가치평가를 더해 선악의 이분법으로 생태 위기를 설명하고 대안을 제시한다. 자연은 원래 선한데 악한 인간이 모든 것을 망쳤다는 신화적 서사가 등장한다. 마르크스주의가 생태주의 일부를 비판하는 것은 그 역시 다시 이원론에 빠지기 때문이다. 이원론 구도로 문제를 설정하면 해결책은 셋밖에 없다. 인간을 선택하거나 자연을 선택하거나, 그 둘을 절충하는 것이다.

인간중심주의의 내용을 먼저 정리해보자. 근대인은 스스로를 자연의 주인이라고 자처하며 자연을 이윤추구나 욕망 충족을 위한 대상으로만 취급하고 약탈했다. 더 잘 약탈하기 위해 작은 조각으로 쪼개고 원하는 모습으로 재조립하기를 반복했다. 근대 자연과학의 방법론인 분해와 조립은 이렇게 확립되었다. 자연이 독자적인 실체가 아니라 생명이 없는 덩어리라고 생각했기 때문이다. 그 과정의 초기부터 환경 문제는 발생했다. 하지만 사람들은 과학기술이 충분히 발전하면 그 문제마저도 해결할 수 있으리라는 믿음으로 생태 위기의 심각성을 외면해왔고 이 믿음은 지금도 좀처럼 흔들리지 않고 있다. 자본주의 혹은 근대 세계 전체의 이런 세계관을 인간중심주의라 부른다. 인간과 자연의 이원론에서 철저히 인간의 편을 드는 관점이다.

인간중심주의는 생태 위기 자체를 부인한다. 그러나

자연 밖에 독립적으로 존재하는 인간은 현실에서는 존재하지 않으며, 그 현실에 대한 인간의 고집스러운 외면이 오늘날 생태의 위기로 드러났다. 또 인간중심주의는 생태 위기를 가장 가혹하게 겪는 주변부 민중의 관점과는 실천적으로도 어울릴 수 없다. 생태 문제는 인류에게 균등하게 피해를 주지 않는다. 2004년 남아시아 여러 나라의 해변을 쓰나미가 휩쓸었다. 수십만 명이 사망했고 그보다 더 많은 사람들이 오랫동안 살아온 생업과 생활의 터전을 떠나야 했다. 재난지역이라 거의 보상도 받지 못하고 사람들이 떠나간 자리를 채운 건 초국적 기업들이 건설한 리조트와 호텔이었다. 그들은 쓰나미 덕분에 골치 아픈 주민들의 저항과 보상 문제를 해결했다. 이처럼 생태 위기를 이윤 획득의 수단으로 삼는 사례가 늘고 있다. 자본가들에게 생태 위기는 새로운 사업 영역이다. 재난을 이윤추구의 수단으로 삼는 행태를 이르는 '재난자본주의'라는 개념에 동의하지는 않더라도 수많은 자연 재해가 중심부와 주변부에서 극적으로 다른 결과를 낳는다는 점에는 주목해야 한다.

그런데 인류가 전 지구적 차원에서 자연을 대규모로 변형시켰기 때문에 인간중심주의가 생태 위기의 본질이라고 보는 관점에는 문제가 있다. 이 관점은 인간이 본성적으로 생태 위기를 유발하는 경향이 있는 존재라는 인간관을 전제한다. 그래서 기후변화의 책임을 인간 본성, 인간의 탐욕, 인간의 근시안적 행동 탓으로만 돌린다. 자본주의, 식민주의, 가부장제 같은 사회적 조건은 생태 위기를 초래한 책임에서 완전히 벗어난다.

한편 반대편에 있는 극단적 자연중심주의는 보편적인 인간의 관점일 수가 없다. 이 입장은 생태 문제를 야기한 인류의 절멸이 위기의 해결책이라거나 인류의 등장과 멸종도 큰 자연적 과정 가운데 일어나는 일일 뿐이라 본다. 사실에 부합할 수는 있어도 인류에게 옳은 해결책은 아니다. 이런 극단보다 그나마 현실적인 생태친화적 해결책은 자연중심, 전통사회, 원시, 영성(정신)주의, 여성, 동양을 서구 근대문명의 대안으로 강조한다. 이런 입장의 대표격으로 근본생태주의가 있다. 이 입장은 근대 이후 지배적이었던 인간중심주의를 교정하고 완화한다는 큰 의미가 있다.

일부 근본 생태주의자들은 근대가 성취한 높은 생산력, 그를 뒷받침한 근대 과학과 기술, 중앙집중적 국가와 근대 민주주의 등의 근대적 정치제도까지 전면 거부한다. 예를 들어 근대 국가의 정치적 대안으로 전근대적 촌락공동체를 주장하기도 한다. 하지만 역사 속에 실제로 존재했던 공동체들은 평화롭고 평등하며 안락하지 않았던 경우가 대부분이다. 오히려 근대적 민주주의를 후퇴시키고, 폐쇄적이고 권위주의적이며 가부장적인 소집단을 정당화할 수도 있다. 이런 예처럼 근본 생태주의의 어떤 경향은 정치적 보수주의로 귀결되는 위험이 있다. 국가 비판이 결과적으로는 시장만능의 신자유주의 옹호로 귀결될 위험도 있다. 인류의 기대 수명을 비약적으로 연장시킨 예방접종의 전면 실시를 국가폭력에 의한 강제치료라고 보는 주장처럼 근대의 모든 기술과 산업을 악으로 보는 입장은 논의의 여지가 많다.

하지만 더 본질적인 문제는 이 관점은 인간중심주의의 동전이 다른 면이라는 점이다. 자연 위에 독립적으로 군림하는 인간이 존재할 수 없는 것처럼 현실의 자연은 처음부터 인간을 포함한 것이고 특수하게 진화한 인간은 자연에 상당한 영향을 미친다. 지구의 대기 구성은 생명체가 살기에 적합하다. 그러나 원래 이랬던 것은 아니다. 지구가 만들어지고 오랜 시간이 지나서 생명이 시작되었다. 그리고 초기의 생명체는 지구의 대기와 상호작용하면서 서서히 대기의 구성을 변화시켰다. 인간도 그 속에 포함된 생명의 진화 과정의 결과가 지금의 지구 환경이다. 원래부터 생명에 적합한 자연적 조건이 존재한 것이 아니다. 인간도 자연의 일부다. 인간의 활동까지 포함한 관계적 활동의 전부가 자연이다. 그것이 현실이다. 따라서 현실의 인간-자연 관계에서 출발해야 한다. 관념화된 인간과 자연의 대립 구도로는 생태 위기의 실상을 볼 수 없다.

그러면 둘의 절충은 해결책이 될 수 있을까? 이원론을 전제한 양적 절충 역시 비현실적이다. 생태 위기의 심각성이 그 첫번째 이유다. 현 체제의 지속을 전제로 하는 절충적 해결책이 '지속가능한 성장'이란 개념이다. 이 개념을 실현하기 위한 구체적 방안들 중 어떤 것도 계획대로 실행되지 않는다. 각국 정상들이 아무리 합의하고 서명해도 미국이나 거대 독점자본의 몽니 앞에 무력할 뿐이다. 현재도 지구에 가해지는 생태적 압력은 거의 완화되지 않고 있다. 생태적 지속가능성이나 지속적 성장 모두 실현되지 않고 있다. 투기적 이윤추구의 수단이 되어버린 탄소배출권 거래(교토의정서에 따라서 온실효과를 유발하는 탄소 배출량이 많은 기업은 배출량 자체를 줄이거나 배출량이 적어 여유분의 배출권을 소유하고 있는 기업으로부터 그 권리를 사서 해결해야 한다. 이 권리를 거래하는 시장이 있고 금융적 투기의 한 수단이 되기도 한다)처럼 생태 위기마저 새로운 상품의 소재가 되는 세상이다. 두번째 이유는 양적 절충은 위기와 고통을 없애거나 줄이는 것이 아니라 어떻게 분배하느냐의 문제로 귀결되기 때문이다. 지구상에 지금 살고 있는 인간들 사이의, 그리고 미래 세대와 현재 세대 사이의 고통 할당의 문제를 생태 위기에 대한 대안으로 생각할 수는 없다. 더구나 고통을 분담하는 수준이 아니라 전적으로 짊어져야 하는 주변부 하층 민중의 입장에서 이 대안은 결코 받아들일 수 없다.

③ 생태 위기에 대한 마르크스주의적 접근

대규모의 생태 위기는 노동자계급과 마찬가지로 근대적 산업화의 결과물이다. 노동소외와 인간과 자연의 관계가 단절된 원인이 둘 다 자본주의에 있다고 보는 마르크스주의의 관점에서 노동 해방과 생태 위기의 극복은 처음부터 연결된 과제였지만 서구 노동운동에는 이런 인식이 부족했다. 자본주의 중심부의 노동자계급은 생태 위기를 낳은 산업 발전의 경제적 과실을 자본가계급과 불평등하게나마 공유하고 있었고 지금도 그렇다. 생태 위기를 인정하고 자본주의적 생산력을 다른 방식으로 전환하거나 축소하는 대안은 서구 남성 노동자 계급에게는 경제적 이익과 사회적 특권의 포기를 의미할 수도 있다. 마르크스주의에서 출발했던 서구의 사민주의나 현실사회주의 국가는 생태 문제와 젠더 문제에 민감하게 반응하지 못했다. 마르크스주의 자체가 생태 위기를 가져온 근대 인간중심주의의 계승자에 불과하기에 생태 문제를 해결하는 데 본질적 한계가 있다는 비판이 당연하게 여겨졌다. 실제로 생태 문제에 대한 문제제기는 주류 노동운동 바깥에서 나왔다.

1980년대에 와서 생태 위기에 대한 마르크스주의 진영의 무능한 대응은 마르크스의 이론이 아니라 현실에서의 왜곡된 실천으로 초래되었다는 반성이 일어났다. 이 흐름은 자본주의가 인간 착취와 소외의 원인일 뿐만 아니라 생태 위기의 주원인이기도 하므로 자본주의의 과학적 분석과 극복을 과제로 삼는 마르크스주의가 생태 문제에도 대안을 제시할 수 있다고 생각했다. 이렇게 생각한 마르크스주의자들은 마르크스 철학이 가진 주객의 상호작용으로서의 인간관, 소외론, 인간-자연 관계를 신진대사로 해석하는 관점 등 이론적 자원을 이용해 생태 위기에 대한 분석과 대안 제시를 시도했다. 마르크스주의는 생태 위기와 기존의 대안들을 어떻게 볼까?

인간이 존재하는 방식에 대한 이해와 성찰이 문제 해결의 출발점이어야 한다. 그리고 인간은 자연과의 관계 안에서만 존재한다. 인간과 자연의 관계에 관해 마르크스는 어떻게 생각했을까? 그는 인간은 자연의 일부라고 보았다. 인간은 자연의 일부이고 진하 과정에서 조금 특수하게 진화한 일부일 뿐이다. 자연에 대규모의 영향을 끼칠 수 있다는 점에서 인간은 특수한 존재이지만, 근본적으로 자연의 일부다. 인간이 자연 속에 포함되어 있는데 이 둘을 어떻게 분리할 수 있나? 자연과 인간을 분리해 생각하는 방식은 비현실적이다. 둘을 함께 그리고 관계 속에서 고려하는 대안이 모색되어야 한다. 앞서 본 것처럼 인간과 자연을 이원론적으로 분리하는 관점은 생태 위기를 실천적으로 극복할 수 없게 만든다.

마르크스에 따르면 인간은 직접적으로 자연적인 존재다. 인간은 다른 생명체와 똑같이 생명 활동을 하며 살아갈 수밖에 없다. 인간은 생명체로서의 존재를 유지해야만 그 이외의 정신적, 사회적 활동 즉 인간의 고유한 행위를 할 수 있다. 인간의 존재방식은 기본적으로 다른 생명체와 같다. 인간은 생물학적 개체로서 생존을 유지하기 위해 자기 바깥에 있는 자연이 필요하다. 먹고 마시고 숨 쉬어야 하며, 그것도 다른 인간과 살을 맞대며 그렇게 해야 한다. 이런 존재방식을 이기적 인간이 자기 이익을 위해서 자연 속의 다른 존재들을 파괴하는 행위라고 보면 자연은 존재하는 모든 것끼리의 대립과 투쟁의 장일 뿐이다. 인간과 자연을 이분법적으로 보고 생태의 우선성을 강조하면 인간의 활동 자체, 그래서 인간이 하는 모든 행위가 생태 위기의 원인으로 보인다.

마르크스주의자들은 인간을 자연의 일부로 보고 인간의 활동 가운데 어떤 활동만이 생태 위기를 초래한다고 생각한다. 인간은 어떤 면에서는 자연과 조화를 이루고 어떤 면에서는 대립한다. 조화의 맥락과 대립의 조건을 이해하는 것이 인간을 자연의 대립물로 도매금으로 넘겨버리는 것보다 더 현실적이다. 소위 '인디언전쟁'으로 불린 백인들의 원주민 대학살로 죽어간 북미 원주민들의 자연관처럼 서구 문명이 파괴하기 이전에 존재했던 많은 사회의 사람들은 살아 있는 모든 것이 상호의존하고 있다는 사실을 알고 있었다. 반대로 자본주의는 인간과 자연의 극단적 균열을 가져왔다.

자연 속의 모든 존재들은 서로 긴밀한 관계를 맺고 있다. 인간이 자연을 이용 수단으로만 보는 태도인 대상화는 관계의 한 면이다. 그리고 대상화도 맥락에 따라 다른 방식으로 이루어진다. 인간과 다른 자연의 상호관계는 긍정적 상호관계일 수도, 부정적 상호관계일 수도 있다. 마르크스는 인간과 다른 인간, 인간과 다른 자연물의 상호관계가 자본주의라는 조건 때문에 더 적대적 성격이 되었다고 보았다. 자연을 대규모로 파괴하는 인간의 활동은 자본주의적 생산양식이 요구하는 이윤의 무한한 추구로 발생했다. 인간이 존재해온 오랜 시간 동안 자연에 영향을 미쳐왔지만 생존 자체를 위해 자연을 이용한 정도는 자본주의 시기에 이윤추구를 목적으로 행해진 정도에는 비교도 되지 않는다. 자본주의라는 역사 발전의 특수한 단계에서의 인간 활동이 생태 위기의 가장 근본적인 원인이지 인간 자체가 문제는 아니다.

자본주의 사회의 모순이 폭발하던 100년 전 암살당한 마르크스주의 혁명가 로자 룩셈부르크^{Rosa Luxemburg}는 노동자 계급을 멸시하는 자본주의의 태도와 자연 세계를 무시하는 자본주의의 태도 사이에 밀접한 관계가 있다고 보았다. 생태의 파괴는 인간의 본성 때문이 아니라 인간과 자연을 이윤추구를 위한 '자원'으로만 보는 자본주의의 본질 때문이다. 더 많은 이윤을 끝없이 획득하는 행위, 즉 성장 아니면 파멸이라는 자본주의의 논리를 극복하지 못하면 생태 위기의 근본적 해결책은 없다. 자본주의의 이런 본성을 가잘 잘 보여주는 것이 제국주의다. 제국주의는 식민지를 더 속속들이 수탈하기 위해 플랜테이션을 강요해 자연과 그 속에 사는 인간들의 삶까지 바꿔놓았다. 제국주의는 세계를 자본주의적 방식에서 분리될 수 없게 묶어놓았다. 오늘날 신자유주의적 세계화는 세계의 산업구조와 분포를 재편하면서 지구적 불평등과 생태적 파괴를 악화시키고 있다. 그 결과 원주민들은 삶의 터전에서 뿌리 뽑혀 자국의 대도시와 세계 곳곳으로 떠돌게 되었다. 고유한 문화도 자연과 인간의 삶과 함께 파괴되고 있다.

④ 마르크스주의적 대안은 무엇인가

마르크스주의 생태학은 '노동소외' 개념을 통해 인간-자연 관계의 왜곡을 설명한다. 노동은 인간과 자연의 상호작용의 방식이다. 노동이 인간과 자연을 매개한다. 노동은 인간이 생존을 유지하고 자기 존재를 유지하기 위해 자기 밖의 대상을 변형시키는 행위다. 인간은 몸, 정신, 도구를 가지고 노동의 대상인 자연에 작용을 가한다. 인간과 자연을 이원론적으로 보고 인간이 이기적인 욕망을 위해서 자연을 약탈하는 행위로서 노동을 보면 노동 자체가 반反생태적인 것이 된다. 노동운동이 생태 위기의 공범이라는 편견도 이런 관점을 아래에 깔고 있다.

마르크스의 생각은 이와는 달랐다. 인간과 자연의 관계를 상호의존적으로 보았던 마르크스에게 노동의 의미는 무엇이었을까? 노동은 무엇보다도 먼저 인간과 자연 사이에 이루어지는 하나의 과정이다. 인간은 노동을 통해 자연을 인간적으로 변형시키고 그 과정에서 자연으로부터 영향을 받아 인간도 변한다. 인간의 본성까지 변한다. 그리고 그 변화의 긍정적인 결과물이 인간 잠재력의 발휘다. 엥겔스Friedrich Engels는 원숭이가 인간으로 진화하는 과정 역시 노동의 결과라고 설명한다. 인간이 노동을 통해 스스로의 욕망을 실현하면서 동시에 지금보다 좀더 나은 존재로 발전하는 것이 바로 소외로부터 극복된 자기실현으로서의 노동이다. 이런 역할을 해왔던 노동이 반대로 자연을 파괴하고 동시에 노동자를 파괴하게 된 현상을 노동소외라고 부른다. 사적 소유에 근거한 자본주의적인 생산양식에 의해서 인간과 자연 사이의 상호관계는 인간과 자연 모두에게 파괴적으로 작용하게 되었다.

생태적 위기의 극복은 인간을 절멸하거나 최소화한다고 해결되는 것도 아니고, 자연으로의 회귀라는 비현실적 관념에 매달려서 실현할 수도 없다. 인간과 자연의 관계가 왜곡된 것은 인간과 인간의 관계 맺음의 방식이 자본주의에 의해 왜곡되었기 때문이다. 우리 인간은 먼저 인간과 인간의 관계를 긍정적으로 전환함으로써 인간과 자연의 관계도 바로잡을 수 있다. 그러므로 마르크스주의에서 자본주의 철폐와 공산주의 실현은 상호파괴적인 인간-자연 관계를 다시 상호의존적이고 보완하는 관계로 돌려놓는 것을 의미하기도 한다. 마르크스에게는 인간과 자연의 상호작용으로 둘 모두를 완성으로 향하게 하는 관계 맺음의 방식이 공산주의다. 더 건강한 관계는 기존의 파괴적 관계가 영원하지 않다는 걸 전제해야 실현될 수 있다. 관계는, 그리고 세상은 변화한다.

전쟁, 빈곤, 불안정하고 가혹한 노동, 젠더 간 차별, 인종차별 등의 문제들과 생태적 위기를 별개의 문제로 보고 무엇이 가장 시급한 문제인지 선택하라고 요구해서는 안 된다. 이 모든 위기가 상호연관되어 있으므로 해결책도 함께 모색되어야 한다. 부유한 국가의 부자들은 기후변화의 고통을 가난한 나라의 가장 약한 사람들에게 전가할 수 있기에 생태 위기가 자신들의 문제라고 생각하지 않는다. 산업혁명 이후 수백 년 동안 화석연료의 대량 사용에 책임이 있는 이들은 맑은 공기와 깨끗한 물과 숲이 있는 곳에 거주하고 그 피해는 유색인종, 빈민들이 주로 모여 사는 사회로 떠넘겨졌다. 주변부 나라들의 급속한 산업화가 생태 위기의 주범이라며 규제를 요구하는 부유한 국가들의 압력으로 주변부 노동자들은 대량실업과 빈곤의 위험에 직면해야 하는데 제대로 된 보상이 주어지는 경우는 드물다. 총체적 해결이 필요하다.

마르크스주의는 세계는 상호연관되어 있다고 본다. 문제는 연관의 방식이 좋기도 나쁘기도 하다는 것이다. 제국주의와 제국주의의 새로운 버전인 신자유주의적 세계화를 통해 자본주의가 만들어낸 세계의 연관 방식은 약한 인간들과 자연에게 모든 부담을 전가하는 방식이다. 경제, 사회, 정치 구조를 전 세계적 차원에서 새롭게 만드는 것이 과제다. 인간과 지구 사이에 그리고 인간과 인간 사이에 실질적으로 평등한 상호작용이 이루어지는 새로운 세상을 만들어야 한다. 이 대안의 주체는 기존의 파괴적 세계 체제에서 가장 고통받는, 지금 세상의 관점에서 수단과 도구로, 또 그런 쓸모조차 없는 존재로 여겨지는 사람들이 될 것이다. 인간의 해방과 땅과 생태의 복원을 함께 내세워온 주변부 민중들의 혁명적 반식민주의가 유력한 대안이다.

7장. 우리는 세상을 얼마나 알 수 있을까

① 인식론의 의미

내가 약이라고 생각하고 먹는 것이 독이라면? 내딛는 다음 걸음이 절벽 아래로 나를 떨어뜨릴지도 모른다면? 다정하게 사랑을 속삭이는 연인의 목소리가 사무친 외로움이 불러온 환청이라면? 이 정도는 일어날 법하지 않은 극단적 가정이라고 말할 수도 있다. 하지만 타야 할 버스 번호를 잘못 봐 엉뚱한 곳을 헤매기도 하고 답지의 번호를 잘못 봐서 시험을 망쳤다는 자식들의 말도 기꺼이 믿어주는데 이런 일이라고 없겠는가? 근대의 철학이나 현대의 인지심리학은 우리 인식이 얼마나 불확실하고 믿기 힘든 것인지 극단적으로 보여주었다. 많은 서양 근대철학자들이 데카르트

Rene Descartes가 방법적 회의라고 불렀던 사고실험을 했다. 우리가 인식하는 모든 것이 착각, 환상일 수 있다며 우리의 인식을 근본에 이르기까지 의심해보는 실험이다. 오감의 부정확성은 일상에서도 드물지 않게 경험한다. 근대철학자들은 더 나아가 사물의 존재나 인과관계 같은 사물들 사이를 지배하는 법칙들 그리고 '1+1=2' 같은 단순명료한 진리나 수학의 공리들조차도 올바른 것이 아닐 수 있다고 생각해보았다. 적어도 논리적으로는 이런 의심을 반박할 수 없다. 지금 내가 회의하고 있다는 사실 외에는 어떤 것도 그 의심을 견뎌낼 수 없었다.

그런데 이런 철저한 회의는 모두 사고상의 실험이었다. 그 실험은 실제 우리 인식이 전혀 믿을 수 없다는 것을 입증하기 위한 것은 아니었다. 근대철학자들이 모든 것을 회의해본 것은 당시 급성장한 과학과 기술로 세상을 더 잘 이해하고 더 잘 이용하기 위해서였다. 또 자연과학에서 19세기 말과 20세기에 일어난 소위 '과학혁명'은 뉴턴 물리학으로 대표되는 근대 자연과학의 법칙이 그렇게 보편적이지도 절대적으로 타당하지 않을 수도 있다는 반성을 가져왔다. 누구나 들어본 적은 있을 아인슈타인Alfred Einstein의 상대성 이론은 뉴턴 물리학의 시간과 공간의 절대성을 부정함으로써 근대인들의 세계관을 완전히 바꾸어놓았다. 하지만 과학혁명은 결국 과학이 세상을 더 잘 설명하게 되는 긴 과정의 일부였다. 기존의 과학적 지식에 대한 반박으로 우리는 세상에 대한 지식을 잃어버리는 것이 아니다. 세상에 대해 과거보다 더 많이 더 정확하게 알게 되는 과정에서 의심과 부정은 필수적이다. 인간이 알 수 있는 것과 알지 못하는 것이 무엇인지 그리고 알 수 없는 것이 있다면 무엇이 인간의 인식을 제한하는지를 분명히 해야 인간의 인식은 한층 더 확장될 수 있기 때문이다. 인간의 인식의 가능성과 한계를 근본적으로 검토하는 철학의 분과를 인식론이라 부른다.

인식이 가능하기 위해서는 대상이 실재해야 하며 인식 주관에게는 인식 능력이 있어야 한다. 존재하지 않는 것을 있다고 착각하는 것이 환상이고 대상은 있지만 우리에게 그것을 알 능력이 없다면 적어도 우리에게 대상은 없는 것과 다르지 않다. 또 그 능력의 발휘를 방해하는, 즉 인식 주관과 인식 대상 사이를 가로막는 장애 요인이 없어야 한다. 정상 시력을 가진 인간이라도 콘크리트 벽 너머에 실제로 있는 사물이 무엇인지는 볼 수 없다. 근대 서양 철학에서 인식론의 문제는 다음의 물음에 답하는 것이다.

1. 인식 대상은 실재하는가?
2. 인식 주관(바깥의 대상을 인식하는 주체)은 대상을 알

수 있는가?

3. 안다면 어느 정도 알 수 있는가?

4. 어떻게 알 수 있는가?

② 마르크스의 인식론

마르크스주의에서 인식론은 실천의 전제다. 세상을 알 수 있어야 세상을 바꾸려는 인간의 의식적 개입이 정당할 수 있다. 알지도 못하면서 다른 사람의 삶을 바꾸려는 것은 주제넘은 정도가 아니라 재앙을 초래하는 폭력이기 때문이다. 그리고 세상을 알 수 있다는 마르크스주의의 인식론은 자신의 이익 말고는 알 수 없다는 자유주의의 입장과는 반대에 서 있다. 마르크스주의 인식론의 대전제는 유물론적 관점에 서야 한다는 것이다. 인식의 문제도 실제로 존재하는 세상과 그 세상에서 살아 활동하는 인간의 관점에서 접근해야 한다는 의미다. 활동하는 현실의 인간은 실천을 통해 자연과 사회 사이에서 생존한다. 인식은 실천의 하나다. 인식은 실천을 지도하는 특별한 인간 행위는 아니다. 인식은 인간이 원시적 상태에 있었을 때나 인식 능력이 고도화된 지금이나 다른 실천과 분리된 것이 아니다. 올바른 인식은 올바른 실천과 항상 연결되어 있다. 원시인들에게 사냥감을 발견하는 것이 무리지어 사냥하는 과정의 하나였듯 오늘날 기초학문의 연구와 그 연구 성과를 산업에 응용하는 것은 하나의 통합된 과정이다. 인식을 독립된 어떤 인간 행위로 보거나 심지어 실천을 지도하는 위치로 올려놓는 태도를 마르크스는 관념론이라 부른다. 과학적 인식은 피지배계급의 실천의 한 가지이며 다른 실천과 함께 발전하거나 퇴행한다. 노동자계급의 본격적 등장과 노동운동의 성장은 착취에 대한 과학적 인식을 낳았고, 자본가계급의 실천인 이데올로기 조작으로 노동자계급이 자신들이 어떻게 착취당하는지를 제대로 알지 못하게 되면 노동운동은 쇠퇴한다. 인식과 실천은 연결되어 상호작용하며 큰 하나의 실천을 이룬다.

유물론적 관점에서 인식론의 네 가지 질문에 답해보자.

1. 인식 대상은 실재하는가?

실재한다. 인식은 실제로 존재하는 세계를 아는 것이다. 관념론은 대상의 독자적 존재를 부정하고 인식 대상을 주관이 만들어낸 것에 불과하다고 본다.

2. 인식 주관은 대상을 알 수 있는가?

마르크스주의는 확고하게 알 수 있다고 답한다. 자유주의의 불가지론과 대척점에 서 있다고 할 수 있다. 마르크스는 자연과학의 발전이 세상을 얼마나 더 많이 알게 해주었는지 충분히 인정한다. 그런데 마르크스주의를 비판하는 입장이나 심지어 마르크스주의자 중에서도 자연에 대한 인식 가능성은 인정하지만 인간 사회에 대한 과학적 인식, 즉 현상과 현상 배후의 법칙에 대한 객관적 인식은 부정하는 이들이 있다. 마르크스주의는 '사회과학'이라 불리는 인식의 방법으로 인간이 세상을 인식하고 바꾸는 데 성공해왔다고 본다. 사회과학의 실패는 그것이 충분히 발전하지 못한 한계 때문이기도 하고 비이성적 정념이나 이해관계가 과학적 인식의 결과를 무시하거나 왜곡시켰기 때문이기도 하다. 하지만 사회과학이 더 발전한다면 우리는 사회를 더 잘 이해할 수 있을 것이다. 사회는 인간의 과학적 인식 너머에 있는 신비한 영역이 아니다.

이런 마르크스주의는 소박한 가지론이라는 비판을 오랫동안 받아왔다. 환원론적이고 결정론적인 한계를 가졌기에 인간의 자유를 부정한다는 비판도 덧붙었다. 소박한 가지론, 환원론, 결정론은 왜 문제일까? 방법적 회의는 세상을 온전히 다 알 수 있다는 믿음을 우리 밖의 어떤 것도 알수 없다는 가정을 통해 반성하며 인식이 얼마나 확실한 것인지를 따져보았다. 일상을 지배하는 소박한 가지론은 인식의 확실성을 점검하려는 철학적 반성 앞에서 견디기 힘들었다. 오감을 사용한 모든 지각은 물론 수학적 계산 같은 순수 추론도 믿을 수 없는 것으로 의심받았다. 게다가 소박한 가지론은 인식론적 한계 외에도 윤리적, 정치적 결함으로 이어진다고 비판받았는데 그 내용은 이렇다.

a. 소박한 가지론은 세상에서 벌어지는 모든 일들과 그 배후의 원인을 지배하는 보편적 법칙을 오감과 이성적 추론으로 속속들이 알 수 있고 앞으로 일어날 어떤 일도 보편적 법칙에 근거해 예측할 수 있다고 믿는다.

b. 소박한 가지론은 현상을 설명하는 법칙의 보편성을 과장한다. 그래서 한 영역에서 적용되는 법칙을 성격이 다른 영역에까지 적용하려 한다. 근대에 급성장한 자연과학의 영향으로 자연물, 그것도 생명이 없는 사물에 적용되는 물리법칙으로 생명이 있는 것들과 인간 사회까지 설명할 수 있다고 주장했다.

c. 소박한 가지론은 현상을 지배하는 법칙이 어떤 예외와 변경도 허용되지 않는 필연적인 것이라 생각한다. 근대 유럽인들은 "철의 법칙"이라는 표현을 쓰곤 했다. 세상의 어떤 일도 심지어 인간의 사고나 행동도 이 법칙에 의해 완전히 결정된다.

불가지론은 소박한 가지론을 이렇게 비판한다.

a. 이 모든 주장은 논리적으로 의심할 수 있다.

b. 정치, 문화, 종교, 도덕 같은 다양한 사회현상들을 경제로 다 설명할 수 있다는 환원론은 현실에 대한 다면적이고 종합적인 인식을 오히려 방해한다.

c. 환경결정론, 생물학적 결정론, 경제결정론 등등의 결정론은 인간의 자유롭고 주체적인 실천을 인정하지 않는다. 인간이 하는 모든 행위는 인간 자신의 것이 아니다. 인간 밖의 원인들이 인간의 모든 행위를 결정한다. 인간의 의지로 자유롭게 법칙을 넘어서는 것은 불가능하고 따라서 인간에게 어떤 도덕적 책임도 물을 수 없다.

3. 안다면 어느 정도 알 수 있는가?

마르크스주의자들은 이런 단순하고 소박한 인식론을 주장한 적이 거의 없다. 마르크스주의는 인간이 세상을 인식할 수 있다고 당연히 전제한다. 그러나 그것이 지금 바로 혹은 단시일 내에 세상의 모든 다양한 일들을 온전히 설명할 수 있고 미래도 정확히 예측할 수 있다는 이야기는 아니다. 마르크스주의는 우리가 세상을 점점 더 잘 알 수 있지만 최종적 진리에 도달하는 순간은 오지 않는다고 본다. 첫 번째 이유는 세계는 본질상 운동이기 때문이다. 존재하는 모든 것은 끊임없이 변화하므로 대상을 인식하는 순간 대상은 대상에 대한 인식과 달라진다. 인식은 대상의 실제 모습에 어느 정도 가까이 갈 수 있지만 그 인식은 끊임없이 갱신되어야 한다. 물론 동일성도 잠정적으로 유지되므로 대상을 전혀 인식할 수 없는 것은 아니다. 나는 지금도 조금씩 늙어가고 있지만 수십 년 만에 만나는 옛 연인이 나를 알아볼 수 있는 것처럼 말이다. 두번째 이유는 실제로 인간의 인식이 발전하는 과정은 상당히 오랜 시간이 걸리기 때문이다. 끊임없이 지식을 확장해나가는 진보적 과정은 개인의 차원이기보다는 집단이나 심지어 인류사적 과정일 수 있다. 단기간에 상당한 수준으로 세상의 비밀을 알아낼 수 있는 지점에 쉽게 도달할 수는 없다. 마르크스주의는 완전한 진리를 향해 가까이는 가지만 최종적으로 도달하지는 않는다고 설명함으로써 인식의 가능성을 인정하면서도 독단론에 빠지지 않으려 한다.

또 법칙을 인정하는 것이 우리의 자유를 부정하는 것도 아니다. 행위의 자유는 어떤 법칙에도 지배되지 않아야 주어지는 것이 아니라 법칙들의 작용 방식, 법칙들이 관철되는 조건에 대한 인식에 근거해서만 가능하고 확대될 수 있다 능동성, 지율성, 주체성을 진공상태처럼 어떤 객관적 조건과의 관계도 없는 것처럼 생각하는 것이야말로 비현실적 환상이다. 완전한 자유란 현실에서는 불가능하고 우리는 법칙에 지배된다. 우리를 지배하는 법칙을 과학적으로 인식하는 것이 우리를 자유롭게 해준다. 날고 싶은 욕구와 내가 새라는 정신병적 환각이 아니라, 모든 사물을 지구의 중심으로 끌어당기는 중력의 작용원리에 대한 과학적 이해가 중력을 거슬러서가 아니라 중력을 이용해 인류를 지구 중심으로부터 더 먼 곳으로 갈 수 있게 해주었다.

　　마지막으로 우리가 사회의 법칙이라고 부르는 것은 경향적 법칙이라고 마르크스는 말한다. 즉 근대 물리학의 법칙처럼 예외를 허용하지 않는 것이 아니라 대체적인 경향과 추세를 의미한다. 사회, 즉 인간과 인간, 인간과 외부 환경의 관계는 상호작용의 과정이기 때문이다. 인간에게 중요한 변화는 인간 스스로의 주체적 실천으로 일어난다. 자본주의 사회에 대한 과학적 인식은 자본주의를 극복하려는 노동자계급의 실천과 결합되어 있다. 따라서 객체적 조건에 의해 전적으로 결정되는 불변의 법칙과는 다른 법칙이다. 주체와 다른 주체, 주체와 객체의 상호작용에 대한 법칙은 확정적이고 고정된 철의 법칙일 수가 없다. 경향적 법칙은 인간 사회의 많은 것을 이해하게 해주지만 인간의 실천으로 인해 반대 경향으로 나갈 가능성을 가지고 있다.

4. 어떻게 알 수 있는가?

마르크스주의 철학의 유물론 그리고 인식론과 미학이 '반영reflection'을 지나치게 강조한 탓에 앞에서 살펴본 많은 비판의 구실이 되었다. 거울이 대상을 비추는 것처럼, 인식 대상이 인식 주관과 내용을 일방적으로 규정하는 것을 반영이라고 한다. 인식이 이런 방식으로 이루어진다면 인식 대상이 인식의 내용을 결정하고 인식 주관은 아무 역할도 하지 못한다. 반영은 극단적인 객관 우위의 개념이다. 반영론이 실천의 영역으로 확장되면 객관적 환경이 인간의 모든 의식을 결정하고 인간은 아무것도 할 수 없게 된다. 인간은 미래를 점치며 기다리는 수동적 존재로 전락한다.

그러나 앞서 살펴본 마르크스의 철학은 이와는 다르다. 인간은 인간인 한, 즉 몸을 가지고 다른 인간과 더불어 자연 속에 사는 존재라는 의미에서 주체적이다. 인간 주체와 인간을 둘러싼 자연은 모두 변화한다. 그리고 그 변화는 관계를 맺고 있는 다른 존재에게도 변화를 일으킨다. 이렇게 변화를 일으키는 과정이 한 방향으로만 일어나지 않고 서로 주고받는 방식으로 일어난다는 것이 상호작용이라는 말의 의미다. 실천의 한 가지인 인식도 이렇게 일어난다. 마르크스주의 인식론에서 반영은 이런 상호적 과정을 의미해야 한다. 즉 주관과 객관이 실재하고, 실재하기 때문에

서로 마주선 상대에게 영향을 준다는 의미다. 주체의 실천을 통한 객체와의 상호관계로 인간의 인식은 확장된다. 마르크스주의 철학은 일방적 객관주의로서의 반영론과는 어울리지 않는다.

마지막으로 불가지론의 비판에 대해 마르크스주의는 이렇게 되묻는다. 1. 불가지론은 도덕과 정신과 인간 삶의 다양성을 보장해주고 무엇보다 인간을 능동적이고 자유로운 존재로 살 수 있게 하는가? 2. 가지론과 불가지론 둘 중 하나 혹은 그 사이의 적당한 절충 지점을 선택하는 것만이 실천적으로 의미 있는 접근 방법이고 다른 대안은 없는가?

마르크스는 불가지론과 절대적 자유라는 환상이 인간에게 실질적 도움을 준 적은 없었다고 생각한다. 인간 사회에 대한 인식을 가능하다고 보는 입장을 독단론, 환원론, 결정론으로 바로 연결시키는 것과 불가지론이 자유를 보장한다고 결론 내리는 것은 모두 논리적 비약이다. 세상에 관철되는 법칙을 전혀 발견할 수 없다고 생각하거나, 그 법칙이 어느 정도는 보편적으로 적용될 수 있다는 것을 인정하지 않는다면 인간은 어떤 행동을 할 수 있을까?

③ 인식을 가능하게 하고 불가능하게 하는 조건:
이데올로기와 당파적 인식

　가지론과 불가지론 둘 중 하나 혹은 그 사이의 적당한
절충 지점을 선택하는 것만이 실천적으로 의미 있는 접근
방법이고 다른 대안은 없는가? 이 문제에 대한 대답이 마
르크스주의 철학을 독특하게 만든다. 마르크스주의는 가지
론과 불가지론의 양자택일이라는 문제틀이 우리의 인식이
확장되는 데 별로 도움이 되지 않는다고 본다. 인식이 확장
되고 그 인식으로 원하는 결과를 얻기 위해서 필요한 것은
우리의 인식이 어떤 조건에서 어떻게 일어나는지 또 인식
을 가로막는 조건은 무엇인지를 묻는 것이다.

　인식은 주관과 객관이 상호 관련을 맺는 구체적 과정,
조건 안에서만 일어나지 무조건적인 순수한 인식 작용이란
없다. 실제로는 가능하지 않은 순수한 인식이라는 이상이
바로 모든 것을 아는 신의 인식이다. 신은 시간적, 공간적
조건 심지어 논리적 정합성이라는 조건에도 제약받지 않고
모든 것을 안다. 그러나 우리 인간은 제한된 인식만을 한
다. 그 제한 조건이 없다면 인간의 인식은 불가능하다. 하
지만 동시에 현실의 구체적인 인식은 하나의 인식 이외의
다른 인식을 불가능하게 한다. 위에서만 아래를 내려다볼

수 있다. 아래에서 아래를 보거나 위와 아래를 동시에 보는 것은 불가능하다. 어두운 곳에서 사물을 보려면 빛이 필요하다. 그러나 그 빛에 의해 사물은 다른 모습, 다른 색으로 보일 수 있다. 노란 불빛 아래에서 흰 옷을 보면 흰색이 아니라 노란색 옷으로 보인다.

어느 회사의 사장인 남성이 그 회사의 여성노동자를 성추행했다고 가정해보자. 분하고 억울하지만 자신이 왜 이런 일을 당해야 하는지 이해할 수 없었던 그 노동자는 계급이라는 개념을 알게 된다. 그리고 자신에게 일어난 일의 원인이 이윤 착취에 수반되는 계급적 불평등이었다는 것을 알게 된다. 즉 사건을 더 잘 이해할 수 있게 되었다. 그러나 계급이라는 틀 안에만 있으면 가부장적 위계와 남성중심적 성문화라는 그 사건의 성격은 보이지 않는다. 인식의 조건은 동시에 다른 인식을 가로막는 제약의 조건이다. 만약 계급과 가부장제라는 인식의 틀이 가지는 인식의 가능과 불가능의 조건을 안다면, 즉 계급 혹은 가부장제라는 조건 하나만으로는 사건의 원인을 '온전히 알 수 없다는 것을 알게 된다면' 두 측면 모두를 볼 수 있게 인식이 확장될 수 있다.

세상을 바라보는 위치와 방향과 방식을 자각하고 반성해야 한다. 다시 말해 세상을 알 수 있게 해주면서 동시에 우리 눈을 가리는 것이 무엇인지를 묻는 것에서부터 더

넓고 깊은 인식이 시작된다. 물론 그 과정은 쉽지 않다. 우리가 당연한 것으로 받아들였고 우리 자신의 자연스러운 일부라고 생각했던 틀을 떼어내 낯선 것처럼 취급해야 하기 때문이다. 마르크스주의 철학은 인식의 문제를 인식 주관과 인식 대상을 별개로 보고 주관이 대상을 알 수 있는지 없는지의 문제만을 다루던 방식에서 벗어나 인식 주관과 대상이 상호작용하는 방식과 조건으로 시선을 돌린다. 그리고 그 조건은 자연적인 것만큼 사회적으로 결정된다고 본다. 이제 우리가 세상을 좀더 잘 알기 위해서는 인식이 일어나는 조건 자체를 변화시켜야 한다.

계급 사회 안에서는 이데올로기적 인식이 지배적이다. 피지배계급의 과학적 인식을 가로막는 조건이 바로 지배계급의 이데올로기. 어떤 사회든 사람들의 의식을 지배하는 인식 방식, 내용이 있다. 중세 유럽의 기독교, 조선의 성리학이 당대의 사람들이 세상을 보는 방식을 지배한 것처럼 말이다. 자본주의 사회에서는 돈이 모든 것이라 생각하고 효율성으로 모든 것을 평가하며 그 과정에서 벌어지는 경쟁은 어쩔 수 없는 것이라는 사고방식이 대부분의 사람들을 지배한다.

마르크스는 한 사회를 지배하는 의식이 그 사회를 물질적으로 지배하는 계급의 의식이라는 점을 지적한다. 지배계급의 이익에 부합하고 기존의 사회 체제를 안정적으로 유지하는 데 유리한 의식이 피지배계급에게 주입된다. 피지배계급은 자신들에게 불리한 관점과 내용을 자신들의 세계관, 인생관으로 받아들인다. 그 결과 세상을 자신들에게 유리한 다른 모습으로 바꾸려는 생각조차 하지 못하게 된다. 내세에서나 조금 더 나은 신분으로 태어나길 기대하며 온갖 멸시를 견디는 인도의 불가촉천민들처럼 말이다. 힌두교의 카스트 교리가 지배계급의 세계관이라는 것을 깨달은 뒤에 불가촉천민은 더이상 수모와 억압을 견디지 않게 되었다. 주체적으로 살기 위해 저항하는 불가촉천민들은 자신들의 방식으로 세상을 보기 시작했다.

마르크스는 지배계급의 의식이 사회 전체를 지배하게 되는 원인을 분석한다. 첫번째로 의식을 생산하고 분배하는 장치를 지배계급이 가지고 있다는 것을 분석한다. 어느 계급 사회에서나 지배계급은 말과 글과 종교와 교육을 독점했다. 지식과 이념을 생산하고 분배하는 장치들은 지배계급의 이익을 위해 사용되었다. 조선의 교육기관은 성리학만을 가르쳤다. 향교와 서당을 차지한 양반들은 백성들에게는 왕조에의 충성과 계급질서를 윤리라고 가르쳤고, 여성에게는 남성에 대한 복종을 주입시켰다. 현대 사회에서 학교, 대중매체 등을 누가 소유하고 통제하는가가 중요한 이유도 바로 여기에 있다. 오늘날에는 대학과 연구소 그리고 특히 대중매체를 지배하는 힘이 핵심적이다. 이는 한국의 보수 세력은 '조중동(《조선일보》, 《중앙일보》, 《동아일보》)'과, 그리고 소위 진보 세력은 《한겨레》나 《경향신문》과 한통속이 되는 사례에서 쉽게 알 수 있다.

두번째로 지배계급의 이데올로기가 작동하는 방식을 분석한다. 이데올로기는 스스로를 가치중립적이고 보편적이라 가장한다. 이데올로기는 원래 편파적이다. 특정 계급, 집단의 이익에 부합하는 편향된 의식이 이데올로기다. 그런데도 이데올로기 사용의 전문가, 즉 이데올로그들은 자신들의 작업이 어떤 입장이나 가치에 치우치지 않는 중립적이고 객관적인 것이라고 주장한다. 그리고 어떤 조건에 있든, 모든 계급과 집단에게 똑같이 적용될 수 있는 보편적인 것이라고 주장한다. 가치중립성과 보편성으로 포장하는 것. 이것이 모든 이데올로기가 이데올로기로 기능하기 위한 조건이다. 모든 이데올로기는 편파적이다. 이데올로그들은 이데올로기가 역사를 넘어서 있기 때문에 보편적이라고 주장한다. 특정한 역사적 맥락에서 생겨났고 그래서 특정한 조건에서만 의미를 가지는 이데올로기를 두고 역사를 초월한 것이라고 주장한다.

이 이데올로기적 인식을 깨기 위해서는 지배계급의 관

점과 반대되는 피지배계급의 관점을 가져야만 한다. 계급 사회라는 조건 속에서 세상을 볼 수 밖에 없는 피지배계급은 피지배계급 스스로의 관점으로 세상을 봐야 한다. 지배계급의 이데올로기는 항상 피지배계급의 관점은 편향된 것이고 자신들의 관점이 보편적이라고 주장한다. 자신들의 정당한 몫을 요구하는 노동자들을 두고 집단이기주의에 빠져 나라 경제를 망치고 있다는 말, 그리고 반면 자본가들과 정치인들은 사회 전체의 이익을 생각한다는 말을 우리는 지겹게 듣는다. 그러나 만병통치약은 어떤 병도 치료하지 못한다.

물이 담긴 잔에 잠긴 막대는 굽어 보이기 때문에, 막대의 원래 모습을 알려면 반대 방향으로 같은 각도만큼 다시 막대를 구부려서 생각해야 하듯이 지배계급의 이데올로기는 피지배계급의 관점으로 교정되어야 한다. 피지배계급의 관점은 편향되어서 객관적이고 균형 잡힌 인식을 불가능하게 하는 조건이 아니라 이데올로기를 극복하고 현실을 객관적으로 볼 수 있는 조건이 된다. 중요한 것은 어떤 지식과 가치관을 누가, 왜, 어떤 수단으로 만들고 배포했는지, 그리고 그 의식을 받아들이면 누구에게 이익이 되는 결과를 낳을지를 보는 것이다.

8장. 더 이상 새로운 세상은 없다?

역사에 새로운 것이 있다는 생각은 그리 오래된 것이 아니다. 인류는 오랫동안 '하늘 아래 새로운 것은 없다'라는 말을 당연하게 여겨왔다. 고대 사회 대부분의 문명에서 사람들은 윤회를 믿었다. 지금 일어나는 일은 모두 과거의 반복에 지나지 않을 수 있다. 역사를 바라보는 이런 관점을 순환적 역사관이라 부른다. 계절의 순환에 따라 농경에 의지해 살던 시대의 세계관이라면 이해가 된다. 한 번이 아니라 영겁의 세월 동안 수없이 반복되는, 동일한 것이 무한히 다시 돌아오는 것으로서의 역사가 인간에게는 오히려 마음 편한 것일 수도 있다. 새로움은 익숙한 것의 영원한 소멸을 의미한다. 익숙하게 알던 것이 영원히 사라질 때 인간은 거의 본능적으로 상실감과 두려움을 느낄 것이다. 같은 것이 무한히 돌아올 것이라는 믿음은 새로움이 주는 두려움에 대한 오래된 위로의 방식이다. 역사에서의 새로움이라는 관념이 널리 퍼진 것은 근대에 와서 기독교적 역사관이 신학적, 종교적, 초월적 성격을 떨쳐버리고 세속화되면서부터다.

역사가 서양철학의 중심 주제의 하나가 된 것도 근대에 와서다. 역사철학은 계몽주의 사상가 볼테르^{Voltaire}로부터 시작했다고 본다. 근대 계몽주의 시기에 역사철학이 시작한 것은 당연하다. 전례 없는 극적인 변화가 일어난 근대 초기 사람들은 새로움을 설명하고자 했다. 새로운 세상의 도래에 대한 반응은 긍정과 부정으로 나뉘었다. 도무지 멈출 것 같지 않은 이 변화의 격랑이 인류를 데려갈 곳이 더 나은 세상이라 믿은 이들을 진보주의자, 계몽주의자라 불렀고 변화에 진저리치거나 마뜩잖아 했던 이들을 보수주의자 혹은 낭만주의자라 불렀다. 두 집단 모두 세 가지 질문을 던졌다.

1. 역사는 어디로 갈 것인가, 역사의 목적은 어디인가?
2. 이 격렬한 변화를 일으키는 힘, 역사의 동력은 무엇일까?
3. 역사는 어떤 경로를 거쳐 미래로 나갈까?

① 역사는 어디로 향하는가?

이 물음의 답은 우선 목적이 역사의 밖에 초월적으로 미리 존재하는가 아니면 현실이 변화하는 과정의 끝에 도달하는 역사 안의 것인가에 따라 나뉜다. 전자가 관념론적 역사관이고 후자가 세속적, 유물론적 역사관이다. 현세의 역사 밖의 신이 인류를 구원하는 것으로 역사가 끝난다고 생각하는 기독교 신학의 역사관이 관념론적 역사관의 전형이다. 반면에 근대 계몽주의자들은 세속적 관점에서 역사의 끝에 더 좋은 세상이 현실이 될 것이라 보는 이런저런 이론들을 제안했다.

입장의 다양함은 있으나 근대의 세속적 역사관에는 세 가지 특징이 있다. 첫번째, 역사는 과거에서 미래로 하나의 경로로만 전개된다. 이것을 단선적 역사라고 한다. 두번째, 미래로의 단선적 전개에 가치평가를 더한다. 미래로 갈수록, 앞으로 나아갈수록 더 좋은 세상이 온다. 이것이 '진보'의 의미다. 세번째, 역사는 앞으로만 가지 과거로 되돌아가지 않는다. 뒤로 돌아가는 것처럼 보이더라도 나선처럼 결국은 앞으로 가게 되어 있다. 직선을 그리든 나선을 그리든 결국 앞을 향해서 나아간다. 돌이킬 수 없다. 그런데 더 나은 미래와 후진적 과거를 비교하기 위해서는 기준이 있어야 한다. 그것을 역사의 목적이라 부른다. 근대인들이 원했던 역사의 목적이자 진보의 잣대는 경제적 부의 증대와 자유의 확대였다.

마르크스는 근대의 아들이었다. 19세기 유럽인으로서 마르크스 역시 생산력의 증대와 인간의 정치적 자유의 확대가 진보라는 점에 동의했다. 그는 근대의 과제를 더 근본적으로 수행하기 위해 반항을 결심했다. 자본주의 사회가 결국은 진보의 족쇄가 되리라는 판단에서였다. 근대의 성과를 계승하면서도 단조롭고 지루한 역사의 연속을 넘어서는 새로움이 진정한 진보를 가능하게 해줄 것이라 보았다. 마르크스주의는 과거에는 없었고 또 미래에도 없을 어떤 것으로 현재를 바라본다. 그러면 과거의 관점에서 봤을 때는 현재가, 현재의 관점에서 보면 미래가 항상 새로운 것이다. 마르크스주의자들에게 역사는 새로운 것의 가능성을 보여준다는 의미가 있다. 그 새로운 것이 공산주의 사회다.

마르크스의 역사철학은 많은 비판을 받아왔다. 인간의 주체적 실천이나 인간 삶의 다양한 영역들과는 상관없이 생산력의 발전이라는 경제적 원인에 의해 모든 일이 정해지는 경제결정론, 환원론이라고 말이다. 또 공산주의라는 역사의 목적을 전제하고 인류의 모든 역사를 그 목적에 도달하기 위해 예정된 과정으로만 본다는 비판도 줄기차게 제기되었다. 먼저 두번째 비판에 답하면서 마르크스의 역사관을 살펴보자. 마르크스는 도덕적 가치나 초월적 존재를 근거로 삼아 공산주의가 역사의 목적이라고 주장하지는 않았다. 마르크스주의 역사철학의 가장 큰 특징은 '역사란 이래야 한다'는 식의 당위적 역사관에서 벗어나 실제 역사를 과학적으로 연구한 것을 근거로 삼는다는 점이다. 이런 접근법을 유물론적 역사관이라 불렀다. 마르크스주의 역사철학은 유물론적 역사관과 관념론적 역사관을 비교하고 구별하는 데서 출발한다.

중세 기독교적 전통에서는 역사를 '구속사救贖史' 즉 인간이 죄를 짓고 신이 그 죄를 사하는 과정으로 본다. 창조에서 시작해 아담의 원죄를 거쳐 구세주의 등장과 종말에 이르는 모든 과정은 인간의 역사에 앞서 항상 존재해온 전능한 신의 뜻에 의해 결정되어 있다. 역사의 변화라는 현상 배후에 무엇인가 초월적인 힘, 원리, 목적이 있다고 보는 관념론적 역사관이다. 관념론적 역사관은 역사적 사건들의 전개 과정을 목적론적 관점에서 해석한다. 이러한 역사관에 따르면 역사는 특정한 목적을 가지고 있으며, 역사의 전개는 특정한 목적을 실현하기 위한 필연적인 과정이다. 일어나는 모든 일은 목적과 이유가 있고 일어날 수밖에 없는 일이다. 그리고 역사 바깥에 어떤 힘이 있다고 가정하면, 우리 인간이 경험하는 현실의 역사와는 뭔가 다른 지평이 또 있어야 하므로 이원론이 된다.

마르크스의 역사유물론적 입장은 실제로 변화하는 하나의 큰 흐름 바깥에 어떤 것도 없다고 본다. 현실 세계 외부에 미리 존재하는 아직 오지 않은 미래가 역사적 사건들의 원인이자 목적인 것이 아니다. 변화의 원인은 현실 세계 내부에, 그리고 과거와 현재에 있는 것이다. 과거가 현재를 만들었고 주어진 조건 속에서 인간이 지금 하는 행위와 세상에서 일어나는 일이 앞으로 일어날 일을 결정한다. 공산주의라는 목표가 역사 이전에 미리 존재하고, 인류 역사에서 일어나는 모든 일이 필연적으로 공산주의를 향하도록 예정되어 있다는 생각은 마르크스의 입장에서 보면 전형적인 관념론적 주장이다. 공산주의라는 이상을 꿈꾸는 것이 공산주의의 실현을 반드시 보장하지는 않는다. 또 아직 오지 않은 미래가 구체적으로 어떤 모습일지를 온전히 미리 아는 것은 불가능하다. 마르크스가 역사적 유물론을 과학적 이론이라고 부른 것은 관찰 가능한 대상인 물질적 생산활동을 역사 이론의 출발점으로 삼았기 때문이다. 그러나 이때도 역사를 필연적으로 결정된 과정으로 본다는 비판은 가능하다. 역사철학의 두번째 질문을 통해 이 비판에 답해보자.

② 역사를 움직이는 힘은 어디에서 오나?: 역사의 주체와 객관적 조건

유물론적 역사관은 역사를 역사 바깥의 어떤 것으로 설명하지 않고 역사 자체에만 주목하는 관점이다. 역사적 과정들의 원인, 역사의 궁극적 귀결 혹은 목적이 역사 밖에 존재한다고 보는 관점이 관념론적 역사관이다. 기독교에서처럼 구원 혹은 심판의 날이 신에 의해 정해져 있다거나 인간 세상에 일어나는 모든 역사적 사건들이 궁극적인 목적을 실현하기 위한 과정에 불과하다는 생각이 관념론적 역사관의 특징이다. 관념론적 역사관 중에서도 역사의 끝에 도달해야 할 지점이 역사에 앞서 존재하고 역사는 그곳으로 가까이 가는 과정이라는 생각을 목적론이라고 부른다. 이것은 역사 전개의 원인을 설명하는 방식이기도 하다. 미래가 현재를 끌어당기는 힘에 의해 변화가 일어난다. 역사의 원인과 목적이 모두 인간 세상에 일어나는 모든 일들과는 별개로 역사 밖에 있게 된다.

이런 식의 목적론 반대편에는 기계론적 역사관이 있다. 이 입장도 큰 틀에서 유물론적 역사관이다. 일원론적으로 역사를 설명하기 때문이다. 하나의 세계만이 있다고 보지만 세계를 이루는 것은 생명과 활력이 없는 물질이다. 역사적 사건들은 그 이전의 과거에 일어난 사건들의 작용으로 일어난 결과다. 그리고 현재 일어나는 사건들은 다시 미래에 발생할 사건의 원인이 된다. 과거에서 미래로 이어지는 인과의 연쇄에 자연과학 특히 물리학의 법칙 같은 규칙이 존재하고 인간은 그 규칙들을 속속들이 알 수 있다고 많은 근대인들이 믿었다. 이들이 생각하기에 역사의 규칙은 철의 법칙처럼 견고한 것이다. 목적론이 정해진 미래가 원인이 되어, 즉 미래가 현재를 끌어당기는 힘으로 역사를 앞으로 나아가게 한다면, 기계론적 관점은 과거가 원인이 되어 역사를 미래로 밀고 나간다. 역사는 과거에서 미래로 가는 필연적 규칙에 따라 전개 되리라는 것이다. 마르크스의 역사유물론이 바로 이런 것이라는 비판은 오래된 것이다.

마르크스주의 역사철학은 목적론이라는 비판과 기계론적 결정론이라는 상반된 비판을 동시에 받아왔다. 천년왕국의 도래를 꿈꾸는 유사종교, 원시기독교의 근대적 변형이라는 비판과 기계적 필연성으로 역사를 설명하기 때문에 열린 미래를 생각할 수 없다는 비판이 한 사상에 동시에 가해진 이유는 무엇일까? 더 나은 새로운 세상에 대한 희망(관념론적 경향)과 사건들 사이의 관계에 대한 과학적 분석(유물론적 경향)을 현실이라는 하나의 지평 안에서 통일하려 했기 때문일 수도 있다. 마르크스는 현실에서의 인간의 주체적 실천과 객관적인 조건, 특히 경제적 조건과의 상호작용으로 이 두 경향을 함께 설명하려 했다.

인간이 자신의 삶을 결정할 어떤 능력도 가능성도 없다면 장기판의 말이나 기계의 부속과 크게 다른 존재가 아닐 것이다. 찰리 채플린Charlie Chaplin의 영화 〈모던타임스〉의 유명한 장면처럼 인간이 기계의 부속이 되는 일은 인간성의 심각한 훼손으로 여겨진다. 그런데 채플린보다 더 급진적으로 자본주의의 인간성 상실을 비판한 마르크스주의마저도 인간을 수동적인 존재로 본다는 비판을 받아왔다. 인간을 역사의 수레바퀴를 돌리는 의지 없는 꼭두각시로 본다는 혐의다. 인간 자유의 완전한 확대, 해방을 위한 길에서 정작 인간 자신은 정해진 역할만 수행해야 한다면 그것은 비극적인 역설이다. 마르크스주의 역사철학은 지금도 결정론, 환원론이라는 비판을 받는다. 경제적 변화로 모든 역사적 변화들을 다 설명한다면 환원론이고 경제적 변화가 원인이 되어 일어나는 역사적 과정들이 정해진 법칙을 벗어날 수 없다면 결정론이다. 이러한 비판에 대한 마르크스주의의 대답을 통해 우리 인간이 어느 정도 역사의 주인이 될 수 있을지를 생각해보자.

역사가 전개된다는 것은 변화, 그중에서도 세상이 변하는 본질적인 변화가 일어나는 것이다. 마르크스는 사회구조가 완전히 변하는 것을 진짜 역사의 발전이라고 보았다. 건축물은 받침이 되는 토대와 그 위에 서 있는 뼈대, 그리고 뼈대에 덧붙여진 외장재로 이루어진다. 마르크스는 사회구조를 건축물에 빗대어 설명한다. 토대는 사회의 경제적 부분으로 생산력, 생산관계, 생산양식으로 이루어진다. 마르크스는 생산양식이 다른 것으로 변화하면 기존의 사회는 완전히 다른 사회가 된다고 본다. 생산양식을 다른 것으로 변화시키는 원인 혹은 힘이 바로 역사 발전의 동력이다.

마르크스주의가 경제결정론이라고 비판받는 이유는 생산력의 증대를 역사 발전의 제1원인으로 꼽기 때문이다. 생산력은 인간에게 주어진 객관적인 물질적 조건이고 생산관계는 사회적 관계이므로 인간이 능동적으로 작용을 미치는 영역이라고 이해하는 경우가 많다. 그래서 생산력이 역사 발전의 원동력이란 말은 생산력의 발전으로 세상은 인간의 실천 없이도 저절로 변한다는 의미로 이해되었다. 역사 발전에서 인간의 주체적 역할을 부인하는 이런 해석을 생산력주의라고 한다.

마르크스주의자들 중에서도 생산력이 아니라 인간의 의식적 실천이 개입할 수 있는 생산관계가 역사 발전을 이끈다고 보는 이들이 있다. 생산력을 강조하는 입장과 생산관계가 더 결정적이라고 보는 입장 사이에는 오랜 논쟁이 있었다. 생산력주의는 단순화하자면 자본주의 사회의 생산력이 고도로 발전하면 저절로 사회주의로 넘어간다는 역사관으로 귀결된다. 생산관계를 강조하면 주체적인 혁명적 실천이 더해져야만 세상이 변화한다. 생산력과 생산관계의 관계는 역사 발전의 객관적 조건과 주관적 조건의 문제다.

마르크스 바로 다음 세대의 계승자들 상당수가 생산력주의자였다. 그들은 자본주의의 생산력이 고도로 발달하면 공산주의 사회가 저절로 올 것이라는 역사 발전의 철의 법칙을 종교적 신앙처럼 믿었다. 공산주의 사회가 객관적 조건의 변화로 인해 필연적으로 온다면 혁명의 주체가 할 일이라곤 그날이 언제일지 계산하고 그냥 기다리는 것뿐이다. 그들의 전술이 '대기주의'라고 불린 이유다. 대기주의는 역사 발전의 객관적 원인만을 강조하는 입장의 논리적 귀결이다. 필연적인 법칙을 인식하는 것 외에는 인간이 역사의 과정에 끼어들 여지란 없다. 그리고 그들은 임박했다고 장담했던 자본주의 붕괴가 오지 않자 순식간에 자본주의의 옹호자로 전향했다. 믿음이 맹목적일수록 변심은 극단적인 법이다. 마르크스주의의 원래 입장을 수정한 새로운 사회주의자들은 처음엔 수정주의자, 그리고 나중에는 사회민주주의자라는 명칭을 사용했다. 그들은 자본주의 사회의 장점은 유지하고 자본주의 체제 안에서 사회주의적 요소들을 점진적으로 확장해나가는 노선을 선택했다.

생산력주의, 경제결정론의 정반대편에 의지주의가 있다. 의지주의는 인간 주체의 의지와 실천만이 세상을 변화시킨다는 생각이다. 어떤 객관적 조건이 주어지더라도 우리가 온 정성을 다하면 원하는 세상을 만들 수 있으며, 상부구조 영역에서의 주체적 실천이 핵심이라는 것이다. 근대 정치사상 중에서는 아나키즘이 이 입장을 대표한다. 아나키즘은 객관적 조건을 어느 정도는 고려하더라도 물질적 조건보다는 정신적 조건을 중요시하고, 자본주의보다는 국가와 종교를 비판하는 데 관심을 기울인다. 또 대중들이 자신들만큼의 의지를 가지지 못한다면 소수의 영웅들의 의지만으로도 세상을 바꿀 수 있다고 믿었다. 의지적 영웅주의의 극단적 형태가 테러리즘이다. 20세기 초반의 아나키스트들이 개인적인 테러에 의존해서 세상을 바꾸는 노선으로 기울었던 것은 이런 믿음 때문이다.

여기서 이항대립적 사고가 다시 등장했다. 경제결정론은 역사의 객관적 조건을, 의지주의는 주관적 조건을 관념론적으로 극단화한 것이다. 이 두 이론을 역사 속에서 생각해보자. 경제결정론은 객관적 조건의 변화가 원인이 되고 상부구조의 변화는 그 결과로 나타날 뿐이라 본다. 시간적으로는 객관적 조건이 먼저 변화해야 그다음에 인간의 의식, 정치, 문화 등이 변화한다. 경제결정론자들에게 혁명은 때가 되어야 일어나는 것이다. 반대로 말하자면 혁명이 실패하는 이유는 올바른 때를 몰라서다. 순서를 뒤집으면 의지주의적 설명이 된다.

20세기 초 베른슈타인^{Eduard Bernstein}을 비롯한 수정주의자들은 레닌^{Vladimir Ilich Ulyanov}과 로자 룩셈부르크 같은 혁명주의자들의 혁명적 실천을 때 이른 것 또는 미성숙한 것이라고 비판했다. 사회주의 사회로 이행하는 것은 먼 미래에나 가능할 것이고 인간은 그때를 예측하고 기다려야 한다는 것이다. 레닌은 서구인들이 가까운 미래에는 결코 일어나지 않을 것이라고 무시했던 러시아 민중들의 자발적 실천에 힘입어 사회주의 국가를 건설했고 룩셈부르크는 결국은 실패한 독일혁명의 과정에서 살해당했다. 레닌은 제때를 만났고 룩셈부르크는 성급했던 것일까?

이 물음에 답하기 위해 마르크스주의 철학의 방법인 변증법으로 우회해보자. 변증법은 세상에 존재하는 모든 것들이 상호연관되어 끊임없이 변화하고 있다고 보는 사고방식이다. 사물과 현상들의 상호연관은 이항대립을 비판적으로 극복하는 데 유용한 방법이다. 역사 발전에서도 객관적 조건과 주체적 노력은 연결되어 서로를 끊임없이 변화시킨다. 객관적 조건의 변화로 이전에는 없던 새로운 주체가 생겨나고 그들의 주체적 노력으로 객관적 조건이 변화하며 변화된 객관적 조건이 다시 새로운 주체적인 실천을 가능하게 한다.

근대의 생산력 증대 특히 대공장의 등장이라는 객관적 조건이 농업에 의존한 봉건 사회에서는 존재하지 않던 노동자계급이라는 새로운 주체를 만들었다. 대공장의 노동은 자연의 순환에 따르던 농업 노동과는 완전히 다른 방식으로 이루어졌다. 자본주의의 위기가 오고 모든 것을 잃을 위기에 처한 노동운동은 더욱 급진적으로 변했다. 객관적 위기가 주체적 실천을 자극했다. 자본주의 선진국에서나 러시아 같은 주변부 유럽에서나 노동자계급의 실천은 노동조건은 물론 자본주의의 구조 변동에까지 영향을 미쳤다. 성장한 노동운동은 20세기 중반 복지국가의 한 축을 이룰 정도로 강력해졌지만 자본은 산업의 구조를 조정하며 고용방식을 복잡하게 분할하고 해외로 생산시설을 이전하는 등의 방식으로 위기에 대응했다. 자본주의의 구조적 변화로 인해 새로운 모습으로 존재하게 된 노동자계급은 새로운 형태의 실천으로 변화된 조건에 대응해야 한다.

변증법적 관점에서 보면 생산력과 생산관계도 개념적으로는 구분되지만 실제로는 연결되어 있고 경계도 모호하다. 중요한 점은 생산력 개념 안에 인간의 주체적 역량이란 의미도 들어 있다는 것이다. 인간이 자신의 잠재력을 개발하고 본성을 온전히 발휘하기 위해서는 다른 인간 그리고 자연과 관계를 맺어야 한다. 그래서 생산력 그 자체에 인간들끼리의 그리고 자연과의 상호작용이란 의미도 포함된다. 생산력과 생산관계, 역사 발전의 객관적 조건과 주체적 조건이 상호작용한다면 생산력의 발전 정도만을 기준으로 객관적 조건의 성숙을 가늠하는 것은 불가능해진다.

사회주의 사회로의 이행 시기를 알려주는 지표는 객관적으로 존재하지 않는다. 더구나 역사적 과정 바깥에 다시 현실을 재단할 기준을 설정하는 것은 마르크스주의의 유물론적 세계관과 가장 먼 거리에 있는 세계관이다. 인간의 주체적 실천의 지침은 실천을 통해 객관적 조건과 서로 작용을 주고받는 과정 속에서 만들어진다. 현실에 대한 과학적 인식을 통해 잠정적인 지표가 만들어지고 그 지표는 실천을 통해 검증되며 오류가 드러나면 다시 수정되는, 그런 과정을 반복하며 앞으로 나가는 것이 역사 발전의 과정이다. 올바른 혁명의 시기가 언제인가라는 물음의 정답은 미리 주어져 있지 않다.

토사 룩셈무르크의 이야기로 돌아가자. 그의 머리가 개머리판에 짓이겨져 시체는 차가운 강물에 던져진 바로 그날 아침, 그는 숙소를 나가면서 〈질서가 베를린을 지배한다〉라는 제목의 짧은 글을 남겼다. 그 글은 그해 독일의 1월봉기가 실패로 끝나고 질서가 지배하게 된 베를린의 경험을 해석하면서 1월봉기의 실패가 끝이 아니라고 주장한다. 혁명의 성공은 미성숙한 실패의 결과, 때 이른 혁명 시도의 결과로 나오는 것이지 객관적 조건이 성숙하고 그 조건을 인식한 지도자가 그려놓은 정교한 청사진을 대중이 따라가는 방식으로 이루어지는 것이 아니기 때문이다. 객관적 조건이 갖추어지고 주관적 조건도 성숙한 뒤에 단 한 번의 돌발적인 시도로 성공하는 혁명은 현실에서는 있을 수 없다. 성공한 혁명은 실패한 혁명의 결과이고 모든 최초의 권력 장악 시도는 늘 때 이른 것이다.

기존 체제를 바꾸고 온전히 새로운 세상을 만드는 것은 기존 체제가 충분히 성숙해서 저절로 다른 세상으로 바뀌는 식으로 일어나지 않는다. 기존 체제 안에서 그것을 흔드는 때 이르고 미성숙한 실천에 의해서 객관적 조건이 성숙한다. 조건이 더 성숙하면 다시 때 이른, 그렇지만 앞서의 때 이른 것보다는 조금 더 성숙한 주체적 실천이 가능해진다. 이런 상호작용의 과정 속에서 역사는 발전한다. 때 이른 실천의 과정에서 대중은 진정으로 자발적인 존재가 된다. 혁명 주체로서 노동자계급의 자발성은 수많은 때 이른 시도와 그 시도가 가져온 쓰라린 실패 그리고 작은 성공의 경험들의 긴 여정 끝에 얻게 되는 것이고 어느 지점에 도달했다고 해서 멈추는 것도 아니다. 이것이 대중의 자발성의 진짜 의미다. 역사의 주체인 대중은 이런 끊임없는 미성숙한 시도를 통해 현실적으로 능동적인 모습이 된다. 인간 주체는 완결된 채로 주어져 있는 것이 아니다. 완성되지 않은 상태로 객관적 조건 속에서 행위하는 과정을 겪으면서 완성되어 간다.

마르크스주의 역사철학은 결정론도 의지주의도 아니며 낙관주의도 비관주의도 아니다. 우리가 원하는 만큼의 의미 있는 역사적 변화가 한 사람의 생애에서는 일어나지 않는 경우가 많다. 변화의 끝을 볼 이가 자신이 아님을 알면서도 믿음을 가지고 때 이른 실천에 몸을 던지는 삶은 무척이나 쓸쓸할 수도 있다. 하지만 한편으로는 지금이 역사의 긴 과정에 기여하는 기회라는 일말의 희망으로 그의 가슴은 설레기도 할 것이다. 그날 아침의 로자 룩셈부르크처럼 돌아오지 못할 것을 어느 정도는 예감하지만 용기와 설렘으로 거리로 나서고 돌이키지 않는 것. 마르크스주의 비평가인 테리 이글턴Terry Eagleton이 말한 "비관이 아닌 비극"으로서의 마르크스주의자의 삶이 그런 것이 아닐까? 이런 태도는 현실을 환상 없이 있는 그대로 보지만 새로운 것이 가능하다고 생각하는 세계관과 방법론, 즉 유물론과 변증법에 꽤 어울리는 것이다.

③ 역사는 어떤 방식으로 전개될까?

오지 않은 미래를 짐작하는 데 우리가 가진 유일한 단서는 과거의 변화에 대한 기억, 기록뿐이다. 역사적 자료를 통해 역사 발전의 경로에 대한 두 가지 문제가 논의되었다. 하나는 모든 사회의 역사가 하나의 발전 경로만을 가지느냐의 문제다. 다른 사회는 다른 역사를 가지는 것이 상식적일 것 같지만, 근대 이후 오늘날까지도 인류의 모든 사회는 결국은 단일한 역사만을 가진다는 생각이 압도적으로 우세하다. 선진국과 후진국이란 개념이 대표적 사례다. 이 입장에 따르면 현재 존재하는 사회들의 차이는 충분한 시간이 지나면 없어지고 동일한 사회로 귀결된다. 선진국은 후진국의 미래다. 더 정확하게는 서구는 인류의 미래고 아시아, 아프리카, 라틴아메리카의 사회들은 빨리 벗어나야 할 나쁜 과거다. 주변부 사람들에게 서구를 답습하는 것 외에 다른 미래는 열려 있지 않다. 누구나 쉽게 알 수 있겠지만 이 역사관은 서구 제국주의가 유포한 이데올로기다. 하지만 다른 역사관을 생각하기 힘든 것도 현실이다.

마르크스가 19세기 유럽의 백인 남성이었기에 가졌던 역사철학적 한계 가운데 그 이후의 계승자들에 의해 가장 많이 공격받고 수정되었던 것은 역사 발전의 과정에 대한 생각이다. '유물론적 역사관'이라고 하면 흔히 떠올리는 것이 '역사 발전의 5단계' 이론이다. 그리고 이 발전 단계들이 모든 인간 사회에 같은 순서로 나타난다는 생각은 현실의 역사에서는 결코 입증되지 않는다. 또한 이런 도식적 역사관을 고집한 공산주의자들은 운동의 실패와 수많은 민중의 목숨을 대가로 치르기도 했다. 레닌의 제국주의론부터 마오이즘과 그 극단적 변형인 크메르루주까지 수많은 마르크스주의자들이 해결하고자 했던 과제는 다른 역사적 배경을 가진 사회들에서 같은 이상을 실현할 수 있는 방식을 찾는 것이었고 이는 여전히 남겨진 숙제다.

다음 문제는 역사의 변화가 점진적, 연속적, 누적적으로 일어나는지 아니면 혁명적, 단절적, 비약적으로 일어나는지다. 앞서 얘기한 수정주의자들이 현재를 전면적으로 바꾸는 혁명을 거부한 것은 현재가 미래로 이어지는 끈이라 보았기 때문이다. 미래로 갈수록 더 좋은 세상이 되지만 이때의 미래는 현재의 연속이고 현재는 아직 오지 않은 미래다. 현재의 연장에서 미래만을 바라보는 역사관은 패자의 역사라는 구질구질한 과거 따위는 잊어버리자고 말한다. 이 관점은 실은 현재가 아주 흡족하지는 않더라도 견딜 만하다고 생각하는 이들의 것이다.

수정주의의 아버지 베른슈타인은 근대 유럽의 자본주의 사회, 즉 이념적으로는 자유주의 사회를 온전하게 계승하는 것이 사회주의라고 보았다. 미래의 사회주의 사회는 전혀 새로운 사회가 아니라 현재의 개선된 연장이다. 수정주의자들의 시간 관념은 공허하고 균질적이다. 역사에서 완전히 새로운 것은 나타나지 않고 현재와 같은 것이 단조롭게 계속 이어지기 때문이다. 미래는 현재와 본질적으로 같은 것이고 둘 사이에는 연속성이 유지된다. 역사를 균질적이고 공허하고 단조로운 과정으로 보면 완전히 새롭고 다른 그래서 현재와 미래를 이어주는 연속을 끊어버리는 역사적 사건인 혁명을 생각할 수 없다. 개량주의는 부분적인 개량이 마일리지처럼 누적되어 점진적으로 사회주의를 만든다고 보는 관점이다. 그간 적립한 마일리지를 날려버리는 사건은 발생해서는 안 된다. 그들은 처음에는 개량의 누적으로 완전히 다른 사회가 온다고 주장했지만 곧 기존 사회의 충분한 발전이 사회주의라고 주장하게 되었다.

현재가 더 이상 이대로여서는 안 되며 미래에는 지금과는 다른 날이 와야 한다고 생각하는 이들은 현재와 미래를 이어주는 끈을 끊어버리려 할 것이다. 완전히 새로운 세상으로의 전환을 우리는 혁명이라고 부른다. 혁명 뒤에 도래하는 지금의 세상, 자본주의 사회와는 완전히 다른 새로운 사회를 부르는 명칭이 공산주의다. 완전히 다른 세상이기에 그곳으로 가는 과정은 단절과 비약의 길일 것이다.

9장. 유물론과 변증법

① 유물론의 의미와 기본 명제들

유물론의 기본 테제는 세 가지다.

1. 물질은 정신의 외부에 객관적으로 존재한다.

2. 그 물질이 우리 정신을 만들고,

3. 그것에 의해 만들어진 정신은 당연히 물질로 된 객관적인 외부의 세계를 인식할 수 있다.

유물론의 기본 주장은 바로 이 세 개의 연결된 명제다.

첫번째, 물질은 정신이 있든 없든, 정신이 그걸 인식하든 못하든, 어떤 방식으로 인식하든 상관없이 그냥 그대로 존재하는 실체다. 이것은 세상이 존재하는 것은 정신이 세상을 인식하기 때문이라는 주관적 관념론을 반박하며 물질은 그것이 존재하기 위해 정신에 의존하지 않는다는 의미다. 두번째, 물질이 정신을 만든다. 물질은 유일한 실체이고 정신은 물질에 의존해서만 존재할 수 있다. 정신과 세계의 관계를 관념론과는 반대로 설명한 것이다. 세번째, 주체는 주체 밖의 객체를 인식할 수 있다. 3번 명제가 성립되지 않으면 앞의 1, 2번 명제는 의미가 없다. 객관적인 세계를 인식할 수 없다면 세계가 실제로 있으나 없으나 우리한테는 똑같다. 우리가 세계를 알 수 없다면 1번과 2번 명제는 참, 거짓을 알 수 없는 의미 없는 명제다. 그리고 우리는 객관적인 세계를 제대로 인식해야 그것이 우리에게 이롭게 이용하고 변화시킬 수 있다. 세계의 변혁을 지향하는 실천철학으로서의 마르크스주의에는 3번 테제가 필수적이다. 객관적 세계의 존재와 그것을 인식할 수 있는 가능성이 실천의 정당성의 토대다.

유물론이란 단어는 18세기에 만들어졌다고 한다. 그러나 유물론이라 부를 수 있는 사상들은 오랫동안 있었고 그 종류도 많다. 마르크스의 유물론은 근대의 것이다. 근대의 유물론은 모두 그런 것은 아니지만 대체로 정치적 급진주의자들이 자신들의 정치관을 뒷받침하는 세계관으로 채택한 사상이었다. 마르크스의 유물론도 그중 하나다. 관념론의 가장 전형적인 형태인 기독교가 지배계급의 특권을 정당화하는 세계관으로 사용되던 사회에서 유물론은 새로운 사회를 여는 사상으로 여겨졌다. 또 당시 발전하던 과학이 가져다준 새로운 지식들은 미신의 굴레에서 대중을 해방시킬 것이란 기대를 받았다. 비합리적 신앙을 합리적 과학으로 대체하는 것이 인간 해방의 길이라 믿었던 근대 프랑스의 계몽주의자들 다수가 동시에 유물론자였던 것은 이런 맥락에서다.

근대 자연과학의 세계관적 기초도 유물론이다. 근대의 유물론은 특히 물리학의 영향을 강하게 받았다. 마르크스는 흔히 '결정론적 유물론'이라 부르는 근대 물리학의 세계관이 유물론의 주류이던 상황에서 그것과는 다른 유물론을 생각했다. 뉴턴 물리학은 근대 유물론적 사유의 대표자다. 뉴턴 물리학이 생각한 세계는 스스로는 움직이지도 않고 의식도 없으며 따라서 어떤 목적을 가지고 운동할 수는 없는 존재인 물질과 그것을 지배하는 예외 없는 규칙의 체계였다. 세상의 모든 일은 물질적 사물들의 인과관계를 통해 관철되는 절대적 법칙에 따라 결정된다. 특정 원인은 예외 없이 특정한 결과를 낳는다. 이런 생각을 기계론적 유물론 혹은 결정론적 유물론이라 부른다.

활성을 지니지 못한 물질이 움직이려면 신과 같은 물질 밖의 원인이 필요하다. 신은 또한 물질에 법칙을 부여하고 관철되도록 보증하는 역할도 한다. 독실한 기독교 신자였던 뉴턴^{Isaac Newton}은 유물론적 물리학과 기독교 신학의 완벽한 조화를 달성했다. 뉴턴의 경우에서 보듯이 결정론적 유물론과 관념론은 서로를 보완하는 동전의 양면이다. 죽은 물질과 그것을 보완하는 살아 있는 영혼의 한 쌍에서 지배하는 힘은 당연히 영혼에게 있다. 정신이 물질을 지배한다는 생각은 대체로 지배계급의 사상이었다. 정신이 물질에 의존해 존재하는 것이 아니고 물질보다 우월한 것이라면 몸의 뼈와 근육의 힘으로 자연을 변화시키는 일을 담당하는 인간들보다 생각하는 일을 전담하는 인간들이 더 많은 권력과 부를 누리는 것은 정당한 일이 된다.

관념론은 현실을 현실 밖의 준거에 의지해 이해하고 판단하려는 태도다. 사회의 지배 집단은 그 준거를 자신들이 가장 잘 알기에 잘 알지 못하는 이들을 이끌 자격이 있다고 주장하거나, 세상 밖의 그 존재가 자신들에게 권력을 위임했다고 주장하며 자신들의 지배를 정당화했다. 역사적으로 봐도 관념론은 대체로 지배계급의 이데올로기였다. 그러나 지배계급은 실제로는 진정한 유물론자다. 지배계급의 힘은 현실에 대한 올바른 인식에서 나오기 때문이다. 유물론적 과학과 관념론적 이데올로기라는 모순된 관점을 동시에 가진 자들이 지배계급이다. 그러나 그들은 그 둘을 명확히 구분하며 언제, 어떤 관점이 필요한지를 정확히 안다. 지배계급 스스로는 유물론을 채택하지만 피지배계급에게는 관념론을 주입한다. 자본가들은 이윤추구를 절대선으로 여기면서도, 노조의 임금 인상 요구는 집단 이기주의라 매도하고 사회 전체를 생각하라며 노조를 훈계한다. 부자들은 무소유를 설파하는 설법을 들은 뒤 더 기운차게 경쟁에 뛰어들고 설법을 액면 그대로 믿은 이들은 불안정한 노동을 감수해야 한다. 애플 사의 창업자인 스티브 잡스Steve Jobs가 인도 사상에 심취했던 것이나 금융투기로 거액을 버는 월스트리트의 자본가들이 초월적 사유와 요가 수행으로 여가를 보내는 사례는 지배계급의 관념론이 실은 유물론의 그림자에 지나지 않는다는 것을 보여준다. 이제 피지배계급에게 스스로의 해방을 위한 현실주의가 필요하다. 유물론적 관점으로 세상을 봐야 한다.

유물론적 관점은 우리의 육체가 그 일부인 하나의 세상, 물질적인 하나의 세상만이 있다고 본다. 이 세상, 현상의 세계를 넘어선 바깥에 무엇이 있다면, 그것은 현실의 세상과는 다른 것이어야 한다. 현실이 아닌 것을 관념이라고 한다. 현실과 현실 너머의 세상이라는 두 지평이 존재한다고 보는 이원론은 당연히 관념론이 된다. 내가 지금 속해 있는 세상만이 있다고 보는 일원론이 유물론이다. 물질은 물질 밖에서 물질을 지배하는 정신을 필요로 하지 않는다. 자신들이 원하는 것을 스스로 알고 성취할 수 있는 인간들이 지배자를 필요로 하지 않는 것처럼. 유물론은 당대의 사람들이 현실에서 느끼는 문제들을 실제로 해결하는 데 도움이 되는 철학적 관점이다.

물질을 결정론적 유물론의 관점과는 다르게 생각하며 기계론적 유물론에 반대하는 다른 일원론적 사상 조류도 있다. 그중 하나는 일원론적 세계관을 주장하면서 물질을 정신과 같은 것으로 생각하는 방식으로 정신과 물질의 이원론을 극복하는 사상이다. 이런 입장을 생기론이라 부르는데 유기체론이라 부르는 사상 흐름과 많은 부분을 공유한다. 생기론은 불활성적 물질과 정신의 이원론을 비판하지만 물질을 정신과 같은 것으로 만들어 모든 물질이 똑같이 살아 있다고 말한다. 이런 입장을 물활론이라고도 한다. 물활론, 생기론은 불활성적 물질관과 기계론적이고 결정론적인 법칙을 반대로 말한 것에 지나지 않는다. 그러나 물질은 분명 물질로서의 특징을 여전히 가진다. 유기물과 무기물은 구별되며 생물과 무생물이 다른 방식으로 존재하는 것이 엄연한 현실이다. 마르크스도 물질을 불활성적인 것으로만 보지 않았다. 그러나 마르크스의 유물론은 기계론에 반대하는 유기체론의 특징을 상당히 보이지만 생기론적 사유와는 분명히 다르다. 마르크스가 인간을 자연의 일부이지만 특수한 일부라고 말한 것은 물질적 존재인 인간이 다른 물질적 존재와는 다른 행위 방식을 가지고 있기 때문이기도 하다.

마르크스의 유물론은 물질을 넘어선 존재로 인간을 보는 관점을 거부한다. 물질 밖에 있는 인간은 없기 때문이다. 인간에게 영혼이나 신의 사명 같은 정신적인 것이 있고 그것이 물질보다 우월하다는 입장에서 보자면 인간은 자연의 지배자가 될 수 있다. 반면 생태 문제를 다루면서 본 것처럼 마르크스는 인간을 자연의 일부라고 생각했다. 유물론은 인간중심주의를 비판한다. 자연 속에서 자연과 함께 존재하지만 다른 자연적 존재들과 다른 점도 있는 것이 인간이다. 따라서 우리 인간은 다른 존재들과 서로 연결되어 있고 서로 의존하고 있다. 마르크스는 《독일이데올로기》에서 언어의 물질성을 언급했다. 언어는 공기의 교란과 성대, 혀, 구강, 귀 등의 신체기관의 상호작용으로만 존재할 수 있다. 언어의 물질성은 정신 혹은 정신적인 것들이 얼마나 많이 물질에 오염되어 있는지 알려준다. 정신은 애초에 불결한 출생의 비밀을 가지고 있다. 정확히 말해 정신이 물질에 의존하지 않고 자립적으로 존재한다는 생각은 환상이다.

유물론은 또한 세상을 보는 관점이다. 유물론은 세계

를 항상 구체적으로 보는 것이고 그런 점에서 현실주의의 다른 이름이다. 현실 바깥의 다른 존재를 가정하거나 개념, 원리, 문제틀로 현실을 멋대로 재단하는 태도와 방식을 거부하는 입장이 유물론이다. 마르크스 유물론은 있는 그대로의 활동하는 인간만을 대상으로 삼는다고 선언했다. 생명을 가진 인간이 생존하기 위해 도구를 생산하기 시작하면서 다른 동물들과 달라지기 시작한 이래로 오늘날까지 경제적 활동을 통해 인간 사회가 어떻게 작동하고 변화하는지를 이해하려는 노력이 바로 역사유물론이다. 세상을 이루는 재료가 무엇이고 어떤 성질을 가졌는지를 설명하는 것이 유물론의 고유한 목적이거나 주된 질문은 아니다. 그러나 전통적 형이상학에서 정신이 차지하던 자리를 불활성적 물질로 대체한 것으로 마르크스의 유물론이 왜곡되어 많은 오해와 비난이 발생했다.

마르크스 유물론에 대한 전형적 비판은 다음과 같은 것이었다. 세상을 이루는 질료가 불활성적인 물질이냐 정신 혹은 유동하고 불확정적인 어떤 것이냐는 존재론적 문제가 마르크스 유물론의 주제이고, 마르크스는 이 물음에 대해 단호하게 세상은 불활성적 질료로만 이루어져 있다고 대답했으며, 뉴턴 물리학 같은 자연을 지배하는 필연적 법칙을 인간 사회에까지 통일적으로 적용시키려 했다는 것이다. 여기에 자본주의의 붕괴와 사회주의 사회의 성립을 필연적으로 결정되는 법칙에 의지해 도식적으로 설명하려 했다는 비판이 뒤를 이었다는 것은 앞 장에서 본 바와 같다. 아인슈타인의 상대성 원리가 뉴턴 물리학이 주장하는 시공간의 절대성과 물리법칙의 보편성이 상대적이라는 걸 밝힌 이래로 물리학을 중심으로 일어났던 현대 자연과학의 성과들이 서구인들의 세계관 자체를 변화시킨 상황에서 마르크스의 유물론은 뉴턴, 심지어 데카르트 이전에 머무는 낡은 사상으로 취급되었다. 그러나 이것은 사실과 많이 다르다. 마르크스주의 유물론은 존재론적 문제를 다룰 때도 현대 과학의 성과를 철학적으로 표현하려 했지 근대 초기의 낡은 물질관으로 세상의 구체적인 현상들을 재단하는 그런 종류의 유물론을 주장한 것이 아니다.

절대적 법칙에 결박된 생명 없는 물질 덩어리로 세상을 보는 것이 아니라 사람과 세상을 하나의 복잡한 물질적 상호활동으로 이해하려는 관점이 마르크스의 유물론이다. 유물론은 실재하는 세계 속에서 세계의 특수한 일부로 존재하는 인간이 활동하고 역사적으로 발전하는 방식과 과정을 인간 스스로 인식하는 관점이다. 인간은 유물론적 관점의 도움으로 더 나은 세상을 만들고 더 나은 존재가 될 수 있다. 이것이 역사유물론의 가치다.

② 변증법의 몇 가지 원칙들

고대 중국의 음과 양처럼 대립하는 두 개념으로 세상을 설명하려는 시도는 오래전부터 있었고 어떤 개념쌍은 많은 현상들에 맞춘 옷처럼 들어맞기도 한다. 하지만 우리는 극단적 두 입장 사이의 양자택일 구도를 벗어나 아예 다른 개념을 가지고 접근하는 방식, 문제틀을 전환하는 방식으로 여러 주제를 다루었다. 양자택일을 벗어나려 하는 이유는 무엇인가? 극단적인 것은 나쁘고 중간 지점을 찾아가는 것이 균형 잡히고 양식 있는 사람의 방식이어서가 아니다. 흔히 상반되는 두 항은 현실에 존재하는 현상들의 특정한 경향을 극단적으로 단순화한 것이다. 따라서 설정된 두 항은 현실과 오히려 멀어지기도 한다. 양극단 사이의 균형점을 찾기 위해서가 아니라 현실에 발을 딛고 세상을 보기 위해 개념의 틀을 넘어서야 한다. 극단적이어서가 아니라 비현실적이기 때문에 문제다. 변증법은 현실을 재단하는 관념론이 아니고 세상의 모든 일을 지배하는 예외 없는 법칙도 아니다. 있는 그대로의 세상을 과학적으로 인식한 결과물이 변증법이다. 마르크스주의 변증법에는 다음의 중요한 원칙들이 있다.

- 모든 것은 변화한다. 변화만이 '절대적' 현상이다.

- 모든 것은 상호작용한다.
- 대립과 통일로서의 모순.
- 모순을 통한 발전.
- 대립물의 자기 변형으로서의 부정.
- 부정의 부정.
- 양질전화, 도약에 의한 발전.

원칙의 의미를 간단히 정리하자.

1. 존재하는 모든 것은 변화한다

이것이 변증법의 제1법칙이다. 20세기 전반기의 저명한 물리학자 막스 보른Max Born은 인간의 언어에 '정지'라는 단어가 있는 것이 신기하다고 말했다고 한다. 정지는 현실에 존재하지 않기 때문이다. 그에 따르면 모든 것은 계속 변화하기 때문에 정지는 우리 머릿속에만 있다. 사람들은 세상에 없는 것을 어떻게 생각했을까? 존재하는 것은 변화한다는 말조차도 오해의 여지가 있다. 존재가 먼저 있고 그것이 변화하는 것이 아니라 변화만이 존재한다는 것이 더 정확한 말이다. 변화 없이 존재하는 어떤 것도 없다. 어떤 것도 절대적이지 않다. 모든 것은 변화하기 때문에 변화만이 절대적 현상이다. 존재하는 것이 변화하는 것이 아니고,

변화만이 있다. 이 원칙은 유물론과 연결된 것이다. 마르크스주의의 물질 개념은 애초에 변화를 내포한다.

2. 변화하는 존재자들은 동시에 상호작용한다

존재하는 것들은 혼자만 변화하는 것이 아니라 다른 것들과 상호작용하면서 변화한다. 세상에 존재하는 모든 것들은 빠짐없이 서로 연결되어 있다. 그래서 어느 한 곳에서의 변화는 반드시 다른 곳에서의 변화를 수반한다. 그리고 다른 곳에서의 변화는 또 다른 곳, 또 다른 곳과 다른 곳을 경유해서 원래의 곳에도 영향을 미친다. 이것이 상호작용이다. 모든 것들이 상호작용하면서 하나도 빠짐없이 서로 연결되어 있다는 것을 지칭하는 개념이 '총체성'이다.

총체성에 대한 강조는 마르크스주의 방법론의 특징이다. 즉, 사회구조 내에 있는 모든 요소의 통일성과 상호관계를 파악해야 한다는 의미다. 어떤 현상이나 존재를 이 상호작용의 과정으로부터 떨어진 독자적인 것으로 파악하면 실제의 모습을 알 수 없다. 총체성을 모든 것을 획일화하는 개념으로 오해하는 경우가 많다. 1, 2번 원칙은 이런 오해에 대한 좋은 반박이다. 존재하는 모든 것은 스스로도 끊임없이 변화하고, 변화하는 다른 것들과 서로 영향을 주고받으면서 스스로와 다른 것을 동시에 변화시킨다. 구체적인 변화의 과정만이 존재하지 고정된 어떤 것은 있을 수 없다. 또 이 과정 밖에 고립되어 독자적으로 존재하는 어떤 것도 없다. 대상을 상호적 변화의 맥락에서 보지 못하는 것은 추상적 인식이다. 세상을 총체적으로 인식한다는 것은 존재자나 현상이 변화의 상호과정 안에 구체적으로 어떻게 있는지를 봐야 한다는 의미다. 그래서 총체적인 것은 동시에 구체적이다. 총체성의 변증법은 구체성의 변증법을 다른 각도에서 본 것이다.

3. 대립과 통일로서의 모순
4. 모순을 통한 발전

하나의 완결된 개체 안에도 사실은 모순이 있다. 완결된 개체 안에도 대립물들이 한 존재자 안에 대립하는 것들이 통일적으로 연결되어 존재하는 것이 모순이다. 존재자 안에 있는 모순의 작용으로 변화가 일어난다. 변화는 자기 자신인 동시에 자신 아닌 것이 되는 것이다. 우리는 항상 'A'이면서 동시에 'not A'이다. 존재자의 동일성이 일시적이고 잠정적이라는 의미다. 대립과 갈등은 일시적이거나 불안정한 상태가 아니라 오히려 사물의 근본 원리로서 작용한다. 한 생산양식 안에서 생산력과 생산관계는 통일적이면서도 대립적인 관계를 맺는다. 이 둘은 서로가 발전하기 위한 전제 조건이면서도 다른 한편으로 서로 대립하는 모순관계에 있다. 그리고 이러한 모순과 대립이 양적으로 누적되어 심화하면 질적 변화로 이어진다. 그래서 기존의 생산양식은 무너지고 새로운 생산양식이 생겨난다.

5. 대립물의 자기 변형으로서의 부정
6. 부정의 부정
7. 양질 전화, 도약에 의한 발전

이 원칙들은 변화의 구체적인 양상을 설명한다. 변화는 기존의 상태를 부정하는 것이다. 여기에는 실천적 의미가 있다. 부정의 원칙은 억압적인 사회에서 기존 세상에 대한 저항의 정당성을 입증해주는 사고로 받아들여졌다. 부정은 한 번만으로 완결되지 않고 끊임없이 일어난다. 그것이 부정의 부정이다. 부정의 부정이 원상태로 회귀하거나 더 이상의 부정은 발생하지 않는 완결된 긍정적 상태가 되지 않는다는 것이 중요하다. 끊임없이 부정하는 과정을 인류의 역사 차원에서 놓고 보면 이는 역사의 발전으로 나타난다. 세상은 '부정의 부정'이라는 변증법적 과정을 거치면서 더 높은 단계로 발전하고 진보한다. 그래서 부정의 부정 법칙은 운동이나 변화의 방향을 보여준다. 이처럼 마르크스와 엥겔스는 '대립물의 통일과 투쟁 법칙'(모순의 법칙),

'양질 전화와 그 역의 법칙', '부정의 부정 법칙'이라는 변증법의 기본 법칙을 바탕으로 사회와 역사의 발전 과정을 이해했다.

엥겔스는 《자연변증법》에서 "변증법의 법칙들은 전체적으로 다음과 같은 세 가지 법칙으로 요약된다. 양의 질로의 전화 및 그 역의 법칙, 대립물의 상호침투 법칙, 부정의 부정 법칙"이라 말했다. 양에서 질로의 전화는 변화의 두 종류를 설명한다. 변화가 일어나지만 변화하지 않고 동일하게 유지되는 면이 달라지는 면보다 더 우세한 것이 양적 변화다. 사회적으로 말하자면 사회의 기본구조는 동일하게 남아 있지만 부분적인 변화가 일어나는 개혁적 상황이다. 자본주의 사회 안에서 사회주의적 조치들을 일부 도입하는 경우처럼 말이다. 공산주의 혁명이 일어나 자본주의와는 완전히 다른 새로운 세상이 오는 것은 질적인 변화다. 이 경우에는 동일하게 유지되는 면보다 달라지는 면이 압도적으로 많고 크다.

문제는 양적 변화와 질적 변화 사이의 관계다. 양적 변화와 질적 변화는 서로를 규정해서 양적 변화는 어떤 조건이 갖추어지면 질적 변화를 만들고 질적 변화에 의해서 다시 양적 변화가 가능해진다. 자본주의 사회가 유지되면서 사회주의적 개량적 조치들이 있으려면 봉건제에서 자본제로의 이행이라는 질적 변화가 이미 앞서 일어나야 한다. 동시에 자본주의에서 양적 변화는 결국 공산주의 혁명이라는 질적 변화의 조건이 되기도 한다. 정치적 실천에서의 질적 변화는 양적 변화들의 누적된다고 반드시 일어나지는 않는다. 근본적인 것이 변화되어 기존의 세상과 단절이 일어나는 방식, 도약의 방식으로 질적 변화는 일어난다. 사회주의적 조치들을 계속 누적하다보면 저절로 공산주의가 오는 것이 아니라 기존 사회의 본질적인 요소를 파괴하고 단절하는 과정을 겪어야 한다. 이것이 혁명이다.

책을 마치며: 한 걸음 앞으로

이 책은 마르크스주의 철학을 처음 접하는 이들을 위한 것이다. 조금 더 알고 싶어 할 독자들을 위해 몇 마디 첨언한다.

마르크스주의에 한 걸음 더 접근하기 위해서는 세 가지 접근법이 필요하다. 마르크스주의 철학은 철학이면서 철학이 아니다. 서양 철학의 전통을 활용했지만 그것과는 다른, 그 이상의 것이고자 했기 때문이다. 마르크스주의는 순수한 사상이나 이론 혹은 철학으로 존재하기를 애초에 거부한다. 마르크스주의는 실천의 한 방식이다. 그래서 여타의 이론, 지식과는 다른 공부 방법이 필요하다.

1.

마르크스주의는 종교적 교의가 아니고 마르크스의 저작은 초월자의 계시 같은 경전이 아니다. 마르크스는 대부분 철학자들과는 달리 초역사적인 영원한 진리를 제시하는 데 관심이 없었다. 그의 사상은 철저하게 세속적이고 역사적이다. 그는 당대의 현실을 이해하고 그 현실과는 다른 미래를 만들고 싶어 했다. 그는 현실을 역사라는 틀에서 파악했다. 그래서 현실과 현실을 낳은 역사적 맥락을 알아야 그의 글의 의미를 제대로 이해할 수 있다. 따라서 근대 이후의 세계사, 특히 유럽 역사에 대한 개괄적 지식이라도 갖추기를 권한다. 유럽 중심주의에 물들지 않은 관점을 가진다면 더 좋다.

2.

마르크스주의는 사회적 현실을 다룬다. 사회적 현실은 총체적이다. 그리고 마르크스는 경제가 자본주의 사회를 이해하는 열쇠라고 보았다. 마르크스주의가 받는 많은 오해의 다수는 마르크스주의를 철학적으로만 접근한 데서 기인한다. 철학만이 아니라 사회과학 전반에 대한 학습, 특히 경제학적 지식과 관점은 마르크스주의를 이해하는 데 필수다. 마르크스주의가 오늘날 우리가 사는 사회를 해석하고 변화시키기 위한 자원이라고 생각한다면 더더욱 경제 현상에 관심을 가져야 한다.

3.

거듭 이야기하지만 마르크스주의는 실천의 한 방식이며 현실이라는 맥락 속에서 의미가 결정된다. 따라서 초월적이고 보편적인 사상이 아니다. 마르크스주의를 이해하려면, 특히 실천적 관심에서 마르크스주의를 공부하려 한다면 마르크스주의 학습이 누구와 무엇을 위한 것인지를 반드시 물어보아야 한다. 부와 권력의 구조적이고 극심한 불평등이 한 사회 안에, 또 사회들 사이에 존재하는 세상에서 마르크스주의를 실천의 자원으로 생각하고자 하는 나는 어느 편에 속하는가, 그리고 누구의 편이기를 원하는가? 대답은 각자 다를 것이다. 하지만 모두를 위한 마르크스주의는 누구에게도 의미가 없다.

구체적으로는 이렇게 공부하기를 제안한다. 해설서를 여러 권 읽기보다는 마르크스의 저작을 직접 읽어보기를 권한다. 많이 양보해서 딱 한 권은 읽어보겠다는 이에게는 《공산당 선언》을 추천한다. 마르크스의 여러 문제의식과 실천적 지향을 포괄적으로 보여주면서도 상대적으로 쉽고 짧게 쓴 책이기 때문이다. 마르크스주의가 등장하고 전개된 역사적 과정과 마르크스 이후 마르크스주의자들의 다양한 주장들을 개괄하고 싶다면 졸고 《맑스주의 역사 강의》를 참고하기 바란다. 생계를 위해 인생의 대부분을 써야 하는 일하는 대중들이 짧은 시간이라도 쪼개서 무언가를 읽는다면 난해한 이론서, 추상적 철학책, 유행하는 인문학자들의 글보다는 신문의 경제 기사를 매일 조금씩이라도 읽는 것이 세상과 자신의 삶을 이해하는 데 도움이 되리라는 것은 자신 있게 말할 수 있다.

마르크스 자신은 착취당하고 억압당하는 이들이 스스로를 해방시키는 무기로 자신의 사상이 사용되기를 원했다. 그에게 못 미치는 능력이지만, 그와 같은 마음으로 쓴 책임을 밝힌다.

인용하거나 참고한 자료

강재윤, 《칼 마르크스의 인간론》, 대왕사, 1990.

곽준혁, 《정치철학》, 민음사, 2016.

김경일, 《노동》, 소화, 2014.

남성일·신중섭, 《자유주의 노동론》, 백년동안, 2017.

노만 제라스, 《맑스와 인간본성》, 현신웅 옮김, 백의, 1995.

도미니크 르쿠르, 《마르크스즘과 인식론》, 박기순 옮김, 중원문화, 2010.

마르셀로 무스토, 《마르크스의 마지막 투쟁》, 강성훈·문혜림 옮김, 산지니, 2018.

마이크 웨인, 《마르크스, TV를 켜다》 류웅재·김수철·이희원·이영주·성민규 옮김, 한울아카데미, 2013.

미하일 마우케, 《마르크스·엥겔스 계급론》, 장수한 옮김, 동녘, 1990.

민경국, 《경제사상사 여행》, 21세기북스, 2014.

블라디미르 일리치 레닌, 《유물론과 경험 비판론》, 박정호 옮김, 돌베개, 1992.

블라디미르 일리치 레닌, 《제국주의, 자본주의의 최고 단계》, 황정규 옮김, 두번째테제, 2017.

서유석·백훈승·양해린·이상엽·신응철·이하준·송석랑, 《역사철학, 21세기와 대화하다》, 충남대학교출판문화원, 2015.

손철성, 《독일 이데올로기 연구》, 영한, 2007.

손철성, 《헤겔 & 마르크스》, 김영사, 2008.

송병헌, 《현대사회주의 이론 연구》, 오름, 2000.

스트이스로프, 《역사적 유물론》, 이신철 옮김, 세계, 1990.

알프레드 존 레텔, 《정신노동과 육체노동》, 황태연·윤길순, 학민사, 1986.

앨런 라이언, 《정치사상사》, 남경태·이광일 옮김, 문학동네, 2017.

에릭 뉴트, 《쉽고 재미있는 과학의 역사》, 이민용 옮김, 이끌리오, 2006.

에밀 앙게른, 《역사철학》, 유헌식 옮김, 민음사, 1997.

에이먼 버틀러, 《고전적 자유주의 입문》, 황수연 옮김, 리버티, 2016.

오토 브루너·베르너 콘체·라인하르트 코젤렉, 《코젤렉의 개념사 사전》, 푸른역사, 2010~2014.

윌리엄 H. 쇼오, 《마르크스의 역사이론》 구승희 옮김, 청하, 1987.

이반 버렌드, 《20세기 유럽경제사》, 이헌대·김흠종 옮김, 대외경제정책연구원, 2008.

전용덕, 《경제학과 역사학》, 한국경제연구원, 2014.

정이근, 《역사유물론과 자본주의》, 한울, 2008.

존 몰리뉴, 《아나키즘》, 이승민 옮김, 책갈피, 2013.

존 배리, 《녹색사상사》, 추선영·허남혁 옮김, 이매진, 2004.

존 벨라미 포스터, 《마르크스의 생태학》, 김민정·황정규 옮김, 인간사랑, 2016.

존 벨라미 포스터, 《마르크스의 생태학》, 이범웅 옮김, 인간사랑, 2010.

존 벨라미 포스터, 《생태계의 파괴자 자본주의》 추선영 옮김, 책갈피, 2007.

존 벨라미 포스터·프레드 맥도프, 《환경주의자가 알아야 할 자본주의의 모든 것》, 황정규 옮김, 삼화, 2012.

체 게베라, 《공부하는 혁명가》, 한형식 옮김, 오월의봄, 2013.

카를 마르크스, 《데모크리토스와 에피쿠로스 자연철학의 차이》, 고병권 옮김, 그린비, 2001.

카를 마르크스·프리드리히 엥겔스, 《칼 맑스 프리드리히 엥겔스 저작선집》, 최인호 외 옮김, 박종철출판사, 1993~1997.

카를로스 드루몬드 지 안드라지·나오미 클라인·존 벨러미 포스터·가산 하게·라피아 자카리아·마스투라 알라타스·샬리니 싱·수전 아불하와·아미타브 고시, 《아스팔트를 뚫고 피어난 꽃》, 추선영 옮김, 두번째테제, 2018.

크리스 하먼·알렉스 켈리니코스 외, 《자본주의 국가》, 책갈피, 2015.

테리 이글턴, 《왜 마르크스가 옳았는가》, 황정아 옮김, 길, 2012.

테리 이글턴, 《유물론》, 전대호 옮김, 갈마바람, 2018.

페리 앤더슨, 《사적 유물론의 궤적》, 김필호 옮김, 중원문화, 2010.

프리드리히 엥겔스, 《자연변증법》, 윤형식·한승완·이재영 옮김, 중원문화, 1989.

C. B. 맥퍼슨, 《소유적 개인주의의 정치이론》, 이유동 옮김, 인간사랑, 1991.

J. D. 버날, 《과학의 역사》, 김상민 외 옮김, 한울, 1995.

R. S. 바가반, 《마르크스주의 변증법》, 천경록 옮김, 책갈피, 2010.

마르크스 철학 연습

초판 1쇄 펴낸날 2019년 8월 2일

지은이	한형식
펴낸이	박재영
편집	이정신, 임세현
디자인	당나귀점프
제작	제이오

펴낸곳	도서출판 오월의봄
주소	경기도 파주시 회동길 363-15 201호
등록	제406-2010-000111호
전화	070-7704-2131
팩스	0505-300-0518

이메일	maybook05@naver.com
트위터	@oohbom
블로그	blog.naver.com/maybook05
페이스북	facebook.com/maybook05

ISBN   979-11-87373-94-0 03100

이 도서의 국립중앙도서관 출판시도서목록(CIP)은 e-CIP홈페이지(http://nl.go.kr/
ecip)와 국가자료공동목록시스템(http://www.nl.go.kr/kolisnet)에서 이용하실 수
있습니다. (CIP 제어번호: CIP2019028417)

• 책값은 뒤표지에 있습니다. 잘못된 책은 바꾸어 드립니다.